高等教育学科与人才培养模式发展研究

郑 莹 著

北京工业大学出版社

图书在版编目（CIP）数据

高等教育学科与人才培养模式发展研究 ／ 郑莹著
. — 北京 ： 北京工业大学出版社，2020.9（2021.11 重印）
ISBN 978-7-5639-7636-2

Ⅰ．①高… Ⅱ．①郑… Ⅲ．①高等学校－学科建设－
研究－中国②高等学校－人才培养－研究－中国 Ⅳ.
① G642.3 ② G649.2

中国版本图书馆 CIP 数据核字（2020）第 189061 号

高等教育学科与人才培养模式发展研究
GAODENG JIAOYU XUEKE YU RENCAI PEIYANG MOSHI FAZHAN YANJIU

著　者：郑　莹
责任编辑：邓梅菡
封面设计：点墨轩阁
出版发行：北京工业大学出版社
　　　　　　（北京市朝阳区平乐园 100 号　邮编：100124）
　　　　　　010-67391722（传真）　bgdcbs@sina.com
经销单位：全国各地新华书店
承印单位：三河市腾飞印务有限公司
开　本：710 毫米 ×1000 毫米　1/16
印　张：12.25
字　数：245 千字
版　次：2020 年 9 月第 1 版
印　次：2021 年 11 月第 2 次印刷
标准书号：ISBN 978-7-5639-7636-2
定　价：42.00 元

前　言

高等教育是我国知识性人才培养的主要渠道之一，随着高等教育大众化向普及化的转变，人才培养的理念、目标和方式都在发生深刻的变化。高等学校要结合社会实际，把不同学科专业进行创新性的组合，培养出符合社会需要的高素质人才。在人才培养上，以人才的社会适应性为主，以学科专业体系为辅，达到一人具备多门相关学科的基本知识，能完成某一个综合课题的目的。在教育周期内完成全方位人才素质的培养，为我国社会管理、经济建设奠定人才基础，这是当代经济社会发展对高等教育提出的新挑战。

本书围绕"高等教育学科与人才培养模式发展研究"展开探讨，在内容编排上设置了六章。第一章是绪论，内容包括高等教育与高等教育学、高等教育的价值与基本关系以及高等教育目的与高校培养目标；第二章探讨高等教育的结构、功能与规律，内容包括高等教育结构探析、高等教育功能定位、高等教育基本规律解读；第三章分别从高等教育通才教育与专才教育、高等教育英才教育与大众教育、高等教育科学教育与人文教育、高等教育主体——教师与学生四个方面，进行高等教育多元化价值与主体解读；第四章探讨高等教育学科理论与学科建设，包括学科的内涵与分类，学科与专业、课程的关系，高等教育学科建设及其内容；第五章是高等教育人才培养模式与应用型本科人才培养研究，内容包括高等教育人才培养模式的产生与内涵、应用型人才及应用型本科人才培养探析、高等教育应用型本科人才培养模式构建；第六章是高等教育跨学科人才培养及其培养模式探究，内容包括跨学科概述、高等教育跨学科人才培养的动因、高等教育跨学科人才培养的理念解读、高等教育跨学科人才培养研究及人才培养模式分析。

作者在撰写本书的过程中，得到了许多专家和同人的指导和帮助，在此一并表示感谢。由于作者水平有限，加之时间仓促，书中难免存在疏漏之处，请广大读者批评指正。

目　录

第一章 绪论

高等教育学科建设是高校管理的重点工作，也是高校可持续发展的重点，在树立正确的人才发展观念、培养技能型人才等方面发挥着关键作用。本章主要探讨高等教育与高等教育学、高等教育的价值与基本关系以及高等教育目的与高校培养目标。

第一节 高等教育与高等教育学

一、高等教育

高等教育是一个发展的概念和事物。从高等教育的历史演进过程可以发现，这一人类教育活动很难说具体出现在何时，但毕竟源远流长，从起源、萌芽、成型到完善，经过了漫长的历史嬗变过程。它的内涵在不断地演变着，它的形式在不断地发展着，它的职能也在不断地丰富着。即使到了今天，它仍处在剧烈的变革之中。高等教育是教育系统中最高层次的教育，是一个国家教育水平的标志。高等教育承担着为其他各层次的教育培养师资、管理人员和专门人才的任务，它的教育思想、教学内容和方法对其他层次的教育有导向性作用。因此，高等教育对其他教育的水平和质量具有决定性影响。高等教育在整个教育系统中处于带头的指导地位，因此，既要重视高等教育的研究，也要把高等教育作为国家的重大事项来研究。

（一）高等教育的本质

任何事物都有自身的属性，可分为本质属性和非本质属性。体现该事物的基本特征，并以此区别于其他事物的属性，是该事物的本质属性；不体现该事物的基本特征的属性为非本质属性。为了给判定事物的某一属性是否为该事物的本质属性提供一个辨别标准或一个共同的衡量尺度，有三个基本准则需要注

1

意：①它是该类事物最一般、最普遍、最稳定的性质，是该类事物必然具有的属性；②它是该类事物区别于其他事物的原因和依据，是其他事物所没有而为该类事物所特有的属性；③事物的一切非本质属性，都是本质属性在不同侧面的表现。因此，从事物的本质属性出发，可以科学地解析事物一切非本质属性的产生和发展。根据这一观点，高等教育的本质属性包括：第一，主张教育是上层建筑；第二，主张教育是生产力；第三，主张教育一部分是上层建筑，一部分是生产力；第四，认为教育是不能用上层建筑、经济基础、生产力等范畴来归类的社会现象，教育是一种特殊的社会实践。

教育的本质是教育自身所固有的、较稳定的根本性质，是教育区别于其他一切事物的特殊属性。在中外教育史上，尽管对教育的解说各不相同，但有一点是一致的，就是都将培养人的活动视为教育区别于其他一切事物的根本特征。可见，教育是培养人的一种社会活动，是发挥人的潜力、发现人的价值，是通过文化的传递、内化、融合和创新使个体社会化，其本质属性在于引导完备人性的建构与发展。在教育活动中，既要体现出社会的要求，又要反映出人的身心发展的规律；既要"是其所是"，又要"是其所应是"。

教育特别是高等教育受政治、经济的制约，又对政治、经济等产生巨大的反作用，具有上层建筑的社会属性。这种社会属性，在不同地区、不同国家、不同社会形态以及不同社会的不同发展阶段，所表现出来的性质和特点也不尽相同。高等教育的上层建筑属性，主要表现在高等教育与政治的关系上，具体如下：

第一，高等教育受政治的制约：①国家通过制定教育方针和教育制度，以及一些有关的政策、法令、规章，把一定阶级或政党的政治准则、要求，贯彻到培养人的各个方面；②高等教育的领导权掌握在统治者手上；③政治决定着接受高等教育的权利。

第二，高等教育为政治服务，表现为通过培养专门人才来为政治服务：①高等教育根据国家所制定的教育方针、教育目的、培养目标，培养符合统治阶级意志与具有政治意识的人才，以维护统治阶级的利益，巩固社会的政治制度；②高等教育通过培养各级各类专门人才，促进生产力的提高，发展国民经济，增强国力，巩固经济制度；③高等教育为国家培养专门的政治、法律人才，为统治阶级的政治直接服务。

教育特别是高等教育，不仅是劳动生产力再生产的重要手段，而且是促进科学技术发展、提高社会生产力、提升社会文明的重要手段，具有生产力的社会属性。对高等教育的生产力属性的认识，不仅对认识现代高等教育的本质、功能、地位、作用等具有重要的理论意义，而且对高等教育的投入、对发展战略的制定、对高等学校职能的认识以及对高等教育的改革都具有现实的指导意义。此外，高等教育与教育一样，还包括既不是生产力也不是上层建筑的成分。教育的任务是非常广泛的，就像生活一样广阔。生活的全部经验都要靠教育传递下去。作为一个科学定义，教育的定义比历史唯物主义的某些公式包含的内容要广泛得多，不能简单地按照马克思、恩格斯的历史唯物主义的现成公式来解释。马克思和恩格斯的历史唯物主义主要着眼于社会生活中的最本质的东西，而社会生活要比本质的东西宽广得多。而高等教育确实是一种复杂的社会现象。高等教育的本质需要参照对教育本质的认识，但简单地从对一般教育本质的理解来推演是无法把握其本质属性的。无论是高等教育还是高等学校，都是发展变化着的概念和事物，在国际上尚无为人们广泛接受的界定。

（二）高等教育的特征

高等教育的特征是本质属性的表现。把握了高等教育的特征，才有可能进一步了解和理解高等教育的本质属性。关于高等教育的特征的讨论，归纳起来主要有以下四种观点：

第一，高等教育是教育的组成部分，所以高等教育的本质服从于教育的本质，是培养高级专门人才的活动。它的基本特点表现在"高"与"专"上。

第二，高等教育的基本特征不是"专"而是"高"，它是传递高层文化、研究高深学问、造就高级人才的活动。

第三，高等教育的基本特征仅是"专"，是建立在中等教育基础上的一种专业教育。

第四，高等教育是"专""深""新"的综合，体现为教育目标的"专"，教育内容的"深"，教育方法、手段的"新"。

高等教育与教育同属教育范畴，因而它们有共同的基本特征和规律，但是由于高等教育是高层次的教育，它的对象和任务不同于一般的教育，所以高等教育又有自身的特殊性。

1. 性质任务的特征——高等专门性

高等教育是建立在普通教育（或基础教育）之上的专业性教育，以培养各种专门人才为目标。它所培养的专门人才，可以直接进入社会各个职业领域从事专门工作。如果把高等教育的起源，追溯到古希腊的"学园"，甚至更早，高等教育也是有专业性的。12、13世纪西欧的大学，包括意大利的波隆那大学，法国的巴黎大学和英国的牛津大学、剑桥大学等，一开始就带有一定的专业性。

所有中世纪大学的基本目的都是实施专业教育，时代要求大批受过良好教育的人满足其需求，大学接受了这一任务。法律、医学和艺术工作都是需要有能力并受过教育的人从事的工作，大学提供了这些教育。现代高等教育从性质任务来看，更体现了这种高等专门性。

2. 教育对象的特征——身心成熟性

大学生一般是 18 岁以上的青年，他们的身心发展已趋于成熟。我国全日制普通高等学校本科大学生，年龄都在 20 岁左右；研究生、成人高等学校学生，不少已是超过青年期的成人，他们的身心发展更为成熟。

①从生理特征来看，大学生的发育已经成熟，主要标志就是性的成熟。骨骼、肌肉、心脏、循环系统与呼吸系统正进行着或已经完成了最后阶段的发展。体力有了明显的增长，特别是神经系统的发展基本上达到完善的程度，能够从事艰难的、深刻的脑力工作，兴奋和抑制之间趋于平衡。不像少年期那样易于冲动，但还不能像壮年人那样平稳。

②从心理特征来看，由于中枢神经活动的大脑皮质的发展，特别是长期以来接受系统思维训练的结果和生活经验的增长，大学生的感觉和知觉更加趋于深刻和精密，定向注意力能够持续很久，逻辑记忆能力有了较大的提高，善于运用联想和掌握记忆的规律，不喜欢机械的记忆，喜欢根据自己的观察对事物做出独立的判断，已经具备分析、综合、演绎、归纳的能力，比中学生更能抓住事物的主要方面并深入事物的本质。由于思维能力增强，许多大学生喜欢进行抽象问题的思考与争辩，如事物的本质、空间与时间的无限性、人生哲学等。

③从性格特征来看，大学生创造性的想象力和儿童少年一样，仍然是很丰富的，但与现实联系得较好，想象的目的性与随意性提高了，具有较高的社会价值与艺术价值；大学生的幻想，表现为比较明显的对理想的追求，不像儿童少年那样仅有朦胧的愿景。大学生的兴趣特点是比较集中与持久；感情比起少年期、青年期和青年早期是较为稳定与深入的，感情与理智有了一定的结合，兴奋与抑制较为平衡；意志比少年更明确坚定。

3. 劳动过程的特征——复杂精神性

教育劳动使学生获得发展，不仅使身体（肉体）得到训练，而且使附着在不同个体身上的思想和精神（包括观念、情感、态度、价值观等）在个体间传递与流通，它不是物质的简单交换与馈赠。教育主要是培育学生的理性思维和促进其精神领域的发展。可见，教育劳动的过程，核心与实质是思想和精神的。

从投入过程来看，教育劳动既有物质和经费的投入，又有信息和精神的投入。物质和经费的投入是一种分割，遵循着"分割原理"。正如一种自然资源采掘出来出售给另一地区，却以它的同量减少为代价。在分割的过程中，物力和财力并不增值，总量一定，份数越多分量越少；投入以后，它才升值，而且这种升值的速度是缓慢的。然而，信息与精神的投入是一种分享，遵循着"分享原理"。在分享的过程中，它是随着主体的增加而不断增加总量的，其投入具有传递效应、增值效应和活化效应。

教育活动领域既有物力与财力的投入，也有信息与精神的投入，还有时机、时间的选择与投入等。因此，这种投入是一种综合的投入，是"硬投入"和"软投入"的有机结合。在教育过程中，精神的投入不但不会被消耗掉，而且会得到更大的增值，创造出新的价值；物质和经费的投入是易耗的，而且只是表层的，是思想和精神投入的制约和保障。高等教育作为教育的高级阶段，加之主体的高等复杂性，是复杂的高级的智力活动。它需要将科学研究引入教学，教师和学生相互交流、相互促进，是一种复杂的精神性创造过程。精神性意味着难以看到，有时不可度量。

以上三大特征说明，高等教育应当具有不同于初等、中等教育的内容、方法和组织形式。而高等学校教师必须充分考虑到这些特征，才能更好地把握作为教育者的职责和要求。高等教育研究工作也有许多特殊问题需要探究，是教育理论工作重要与广阔的园地。对这些特殊性的研究，是整个教育科学工作的一个重要组成部分，但却不是以普通学校教育为对象的普通教育学所能概括和容纳的。

二、高等教育学

（一）高等教育学的性质

作为高等教育学科群中的一门学科，高等教育学就其总体而言，是一门应用学科，而就其研究任务来说，既有应用教育基本理论来认识现象，解决高等教育问题的任务，又有以其研究成果来丰富和发展教育基本理论的作用。高等教育的研究工作，大多是应用性、开发性的研究，但也必须重视理论研究，包括应用理论和基本理论研究。可见，相对于教育科学或在教育科学的大系统中，高等教育学当属应用学科或分支学科。它的任务在于应用教育学的基础理论和教育科学中的技术理论以及相应的方法和技术，来认识和解决高等教育中的各种问题。而在高等教育学科群中，相对于高等教育哲学、高等教育社会学、高等教育管理学等高等教育学科而言，高等教育学又属基础学科或基本学科，因为它还必须担负起一定的基础理论的研究任务，从而指导自身领域学科群的研究和丰富教育基础科学的理论。

高等教育学是通过高等教育研究来完成理论探索与体系构建的。高等教育研究活动和大多数研究活动一样，旨在通过发现和应用新知识来解决理论问题。然而，高等教育的研究目的比较复杂，高等教育本身不仅是理论活动，而且是实践活动，其目的在于通过科学有效的途径使教育主体（主要是受教育者）得到发展。因此，高等教育研究和其他研究活动一样，要重视调查研究和解决实际问题，但又不同于纯粹的理论研究，它所寻求解决的问题归根到底是人的实践问题。

高等教育研究是为改善教育实践服务的，因此，它的应用价值备受重视。人们对其抱有很高的期望，希望它能解决在高等教育领域所遇到的一切难题。从高等教育管理部门到高等学校领导部门，都青睐于"具体的"能直接产生效果的研究成果。这种认识导向和过高的期望值，会导致人们对高等教育理论产生是否"实用、可靠"的质疑。所以，许多人对高等教育研究及其理论成果持有怀疑态度，甚至否定它的价值，这也是无可厚非的。因为理论只有解决了问题，或者提供了进一步研究的指导，人们才会接受它，并认为它有价值；它未能解决问题，或者与所遇到的问题无关，人们就认为它无价值，或拒绝接受这种理论。当然，把研究高等教育理论的目的局限于解决所遇到的实际问题，把具有鲜明功用性的"实用"作为取舍标准，也不是唯一的正确的价值取向，因为理论不仅对实践有解释作用，而且必须指导和超越实践。

（二）高等教育学的发展动因

高等教育学的发展动因，主要来自认识主体和客体两个方面。两方面相互影响、相互作用，共同推动高等教育学的发展。客体方面总归要通过主体起作用，因此，高等教育学研究主体的好奇心、进取心等不断探索的动机，是学科建设与发展方向的主导动因。由于主体的存在和需要取决于客观世界的发展，这里仅从客体方面分析高等教育学建设与发展的动因。

1. 高等教育推动着高等教育学发展

社会需要是学科发展取之不尽的源泉，社会需求不仅为学科发展提供了丰富的材料，而且为学科发展提供了大量的新课题。众所周知，最早的生产经验是自然科学产生的主要根源。恩格斯指出："科学的产生和发展一开始就是由生产决定的。"因为社会需要决定了学科发展的条件、方式、方向和速度，决定了如何利用已有的学科知识。可见，高等教育学科也是物质生产与经济发展需要的产物。具体而言，它们是高等教育事业发展的需要，在实践中遇到的问题成为理论研究的基本动因之一。因此，"以需求为导向"是学科建设的基本原则之一。世界高等教育发展迅速，呈现出蓬勃的生机，发展中国家的高等教育获得了极大发展，许多国家尤其是发达国家的高等教育已进入大众化阶段，即将迈入普及化阶段。这一全球性的高等教育发展趋势呼唤高等教育理论的建设和发展。

2. 高等教育的内部矛盾促使高等教育学发展

事物发展的内部矛盾是人们认识过程中知与不知的对立统一。在矛盾的不断产生和解决的循环过程中，人们的认识不断提高，从而推动学科和知识的不断发展。高等教育的内部矛盾是一系列极其复杂的对立统一体，只有勤于探索的人才能揭开它的秘密。一般情况下，高等教育的现实（或现存）问题是其内部矛盾在外部联系和显性层面上的反映和表象。表象分真、假，抓住了反映内部矛盾的真相，才可以抓住事物的矛盾，揭示事物发展的规律。同时，科学知识的研究是由问题开始的；问题是理论的源泉，问题的变动是理论更新的动因和指向。因此，高等教育学科建设，不在于是否偏重问题性研究，而在于能否找到反映高等教育本质和深层矛盾的问题。所以，构建体系与研究问题完全可以统一于高等教育研究中。

3. 相关学科的协同效应推动着高等教育学发展

协同效应是指学科之间的互动，即知识交流、模式组合和方法碰撞等。通过合理、适度、持续的激励，学科协同效应才能有效地转化为学科发展的内核动力效应。因为科学是内在的统一体，它被分解为单独的部分不是由于事物的本质，而是由于人类认识能力的局限性。实际上存在着从物理到化学，通过生物学和人类学到社会科学的链条。科学研究的人为分工形成了不同学科。学科是科学细分后的知识体系。学科研究越深入，就越显示出它们之间的相互包含和相互依赖，其间的知识交流、理论借鉴、方法转换等互动行为也越频繁。科学的发展表现出不断分化、交叉与融合的趋势。与高等教育学密切相关的学科有教育学、哲学、伦理学、经济学、社会学、高等教育哲学、高等教育经济学、高等教育社会学等。这些学科的发展和完善，可以促进高等教育学的发展和成熟，而且它们之间可以相互促进和提高。因此，呼吁加强高等教育的学科群建设，一方面，在高等教育学走向成熟的过程中可以提倡多学科交流、借鉴，从而研究和创新高等教育学，在其成熟时高等教育学可以成为其学科群发展的母体；另一方面，它需要"拿来"其他学科成熟的方法为我所用，逐步形成富有自身特色的方法论。所以，高等教育学的多学科研究在目前是一项很有意义的工作；如果高等教育学没有形成自己的体系和自己独特的方法论，则它与相关学科的发展水平有关。

第二节　高等教育的价值与基本关系

一、高等教育的价值与价值观

现代高等教育增加了新的经济功能，能带来可观的经济效益，满足人类物质生活的需要，具有一定的物质价值。但是，高等教育的主体仍然是传授知识的教育活动与发现知识的科学活动，以此满足个人与社会的精神生活需要。所以，高等教育两个最基本的价值应是其本体价值与社会价值。

（一）高等教育的基本价值

1.高等教育的本体价值

高等教育的本体价值即高等教育的个人价值。高等教育正是在对个体产生作用，满足每个人的求知欲望，帮助实现每个人的目标的过程中和基础上，体现着其他的价值与功能的。由于教育是发展人的一种特殊手段，离开了人自身的发展，教育就无从反映和促进社会的发展，教育本身也不会存在。所以，在高等教育价值体系中，最为基础的高等教育的本体价值，是高等教育促进个人发展的价值，它包括两个方面：

（1）促进个人发展知识能力的价值

接受高等教育首先意味着个人知识量的增长与质的变化。知识量的增长体现在，人们在高等教育环境中，在教育者的指点下，以较少的时间获得人类长期积累起来的大量知识。知识的质的变化体现在，接受高等教育之后，个人的知识由原来的普通的、一般的科学文化知识变为专业科学知识，形成个人具有明显专业倾向特征的知识结构。只有同时具备基础知识与专业知识的知识结构才是高层次人才合理的知识结构。

高等教育对于个人知识发展的价值不仅在于量，更在于这种合理知识结构的形成。当然，形成合理知识结构除接受高等教育外，还有其他途径。但是，接受高等教育是人类社会迄今为止形成个体合理知识结构的最理想的方式。合理的知识结构的形成对于个人接受新知识、发现新知识具有重要的作用。

接受高等教育还意味着个人智力的迅速发展与能力的不断增强。智力发展与知识增加，特别是与知识结构的形成之间存在一定的正相关关系。在一般情况下，知识增加、知识结构形成是促进智力发展的积极因素，这是因为知识是思维活动的内容与工具。此外，大学教学方法以及围绕教育开展的一系列研究和实践活动、大学教师在教学中的许多富于启迪性的思想等，都是促进受教育者个人能力发展的有利因素。

（2）促进个人提高文明素养的价值

随着人类文明的不断进步，人类的知识水平也在不断提高，而人类知识水平的提高又促进了人类文明的不断发展。从现代世界各国的发展状况来看，知识水平的高低与社会的文明程度是成正比的。

人类、国家、社会如此，个人也是同样的道理。在高等教育发展的历史上，有些国家的大学曾经一度将提高个人的文明素养作为大学教育的唯一目标或主要目标。大学的存在也主要是为了满足社会上一部分人文明修养方面的需要，提高个人的文明素养，成为高等教育的主要价值。最典型的学校是英国的牛津大学和剑桥大学。这两所大学在很长一段时间内都坚持大学的职责是实施通才教育，而不是培养擅长某一专业的知识分子。

许多国家实施高等教育中的普通教育，加强对大学生的行为指导，其目的之一是培养大学生的素质。在培养大学生文明素质中发挥很大作用的，不仅有大学中设置的一些课程与安排的一些活动，即显性的影响，更有大学的精神氛围。校园文化与社会上一些机构的精神氛围与亚文化相比，最大的特点是它的求真、创造、高知识、高文明。大学的精神氛围和校园文化弥漫在校园的各个角落，渗透大学生的学习和生活，对他们产生潜移默化的影响。这种潜移默化的影响往往是较为深刻、持久的。

2. 高等教育的社会价值

高等教育的社会价值反映了高等教育客体与社会主体需要之间的关系，这里主要从社会学的角度分析高等教育的社会价值。

（1）社会化

社会化是个人学习社会文化的过程。从出生起，个体就始终处在社会化之中。人的社会化具有多层面、多内容、多方向、多阶段的复杂特性。在人生的不同阶段，社会化的特点、内容、方式、功效均有所不同。社会中有多种机构履行着社会化的职责，其中，学校系统显然是最系统化的强有力的影响因素之一。

社会化的最佳时期从整体上讲是青年期。这是因为，在青年期人的认识水平有了一定的提高，认识水平的高低在相当程度上决定着评价能力与行为走向；青年的自我意识逐渐成熟，在此基础上，开始形成较强的自我意识；18岁的青年，具有了法律规定的选举权、被选举权等公民的基本权利，可以作为一个"社会人"参与社会活动。青年的社会化受到多种因素的影响。对于大学生来说，大学教育是主要的影响因素。首先，大学是代表社会向大学生施教的教育者，大学生是接受大学教育的学习者；其次，大学教育对大学生社会化的影响是有目的、有计划、有组织的，这种影响不仅体现了社会要求，还反映了大学生身心发展和社会化的客观规律。因此，大学教育作为大学生社会化过程中的主要影响因素，发挥着重要的导向作用。

（2）社会选择

社会是由不同阶层、不同文化背景、不同能力和不同愿望的人组成的。社会中个人的发展方式、发展程度、发展道路与社会选择有着密切关系。所谓社会选择，即社会依据一定的规则，为个体提供不同的发展机会，并由此影响个体的发展进度、程度与社会地位。

高等教育承担着为社会培养各种专门人才的任务，高等教育的社会选择对于社会发展具有重要的意义。高等教育的社会选择主要体现在两个环节上，即入学前的选择与入学后的选择。两种选择的方式不同，性质有别。入学前的选择，即大学招生，其基本性质是选优，即将具有接受高等教育能力的个人选入高等学校进行培养。入学后的选择的性质是汰劣，即对违反学校规定的学生予以退学或留级处分。择优与汰劣相结合，完整地实现了高等教育的社会选择价值。

（3）社会流动

社会流动是指一个人从一种社会地位或阶级向另一种地位或阶级的运动，包括向上、向下和水平运动。在社会中，个人的社会地位具有"先赋"性质，不易改变，社会流动的速度非常缓慢，人们几乎觉察不到。在开放社会中，个人的社会地位通过个人的努力，可以不断改变，社会流动成为一种重要的社会现象。高等教育是促进社会流动的重要因素之一。高等教育促进的社会流动主要指"代际流动"，即下代所从事的职业与所处的社会地位异于上代所从事的职业与所处的社会地位。因此，高等教育可以赋予个人知识，增强个人能力，提升个人素质。高等教育促进的这种"代际流动"往往具有"向上流动"的性质。

（二）高等教育价值观的形成

价值观是价值在主体观念上的反映。不同时代、不同角度、不同主体对价值有着不同的反映，从而产生出不同的价值观。高等教育价值观是高等教育的价值在人们观念上的反映。由于高等教育同时与个人主体、群体主体、社会主体发生关系，具有个体价值、文化价值、社会价值，即价值的多样性。所以，不同主体对高等教育多种价值反映的侧重点不同，就形成了价值观的多样性。不过，在人们对高等教育价值观的认识与评价中，主要还是关注个人、知识、社会三者之间的关系，在这之间发生着不断的、持久的争论。以高等教育价值主要在于个人，还是在于知识或在于社会为分界，形成了个人本位的高等教育价值观、知识本位的高等教育价值观和社会本位的高等教育价值观。

1. 个人本位的高等教育价值观

个人本位的高等教育价值观主张高等教育的基本价值或主要价值在于促进个人理智的发展，达到个性之完善。个人本位价值观是高等教育价值观中产生最早、至今仍很有影响的基本价值观。其主要观点如下：

（1）高等教育的价值在于促进个人理智的发展

促进理智的发展作为教育根本目的的论点，早在古希腊哲学家的著作中就已出现。亚里士多德在《政治学》中写道："对人来说，理性和精神是自然力求达到的目的，以至公民的培育和道德训练，应该以它们为目的而进行安排。"这种理智发展作为教育目的的思想进入高等教育之后，成为个体本位的高等教育价值观的基本观点。人文教育的目的就是使人的理智得到尽可能全面的发展。大学的课程，应围绕训练心智安排、展开。只有经过心智训练与理智培养，才可能形成终身受益的良好品质，如自由、公正、冷静、温和、富有理性等。

（2）高等教育的职责在于知识传递而非知识创新

在持高等教育个人本位价值观的人看来，高等教育为了达到训练心智、促进个人理智发展的目的，应注重知识的传递，特别是知识传递的方法。只有在知识传递过程中才能给人的心智以很好的训练。知识创新则会将训练心智的目的引入歧途。高等教育应促进知识传播而不是知识创新。

（3）高等教育的实施在于通过自由教育、人文教育和普通教育达到目的

自由教育、人文教育和普通教育是在高等教育的不同发展时期出现的几种高等教育思想及其指导下的高等教育实践模式。自由教育是最古老的概念，源于古希腊时期，从自由民的教育转化而来，强调心智的训练。人文教育出现在近代，也以发展人的理智为根本目的。高等教育中的"普通教育"概念产生于现代。普通教育首先考虑的是作为个体的人的教育，旨在使青年人获得"思想踏实、表达合理、随机判断、明辨是非"的品性。由此可以看出，自由教育、

人文教育、普通教育虽出现在不同时代，有着不同的社会背景与理论基础，但它们在培养理智、注重个人发展方面是基本相同的，都体现了个人本位的高等教育价值观。

2. 知识本位的高等教育价值观

知识本位的高等教育价值观主张高等教育的基本价值在于知识创新、学术探求、科学研究。随着学术研究、科学研究逐渐成为高等学校教师与学生的主要工作与任务，知识本位的高等教育价值观开始出现。这种价值观以"追求真理和创造知识"为教育的根本目的，以学术研究和科学研究为学校工作的中心。知识本位价值观的基本观点如下：

（1）高等教育的价值在于追求真理，创造知识

在高校中，科学研究自由和教学自由的原则被普遍承认，教育工作以假定真理必须去发现为开端，教师的职责是培养学生发现真理的能力，并引导他们去从事这种工作。芝加哥大学创办之初就把学校定位于"让知识不断地增长，从而丰富人类生活"的大学。课堂研究讨论和辩论一样，目的不在于巩固已经确立了的真理的准则，而是引导学生对学习科目的独立研究。

（2）高等教育通过研究进行教学，以自由学术为教学基础

这种观点认为，教师与学生在共同的学术研究过程中才能促进个人的发展。因此，通过研究进行教学，使教学与科研相结合成为大学办学的基本原则之一。直至今日以人文学科闻名世界的耶鲁大学仍主张思想的绝对自由及对智力的不可动摇的信奉，皆因为坚信自由的学术氛围是追求真理的基础，同时坚信智力使人们对事物的看法日趋全面，并且使人具有时代感。通过研究进行教学要求大学教师必须是学者。通过研究进行教学，师生关系变为教师不为学生而存在，师生都是为了科学和学术而在大学相处。

3. 社会本位的高等教育价值观

社会本位的高等教育价值观主张高等教育的主要价值在于为社会培养各种专门人才，促进国家政治、经济和社会发展。随着高等教育在社会的政治、经济、科学技术等领域发挥着越来越重要的作用，随着人们对高等教育在国家发展中的地位认识的不断改变，社会本位价值观在高等教育实践中发挥着越来越重要的作用。社会本位价值观的主要观点如下：

（1）高等教育的价值在于促进国家和社会发展

19世纪下半叶，在美国高等教育历史上第一次巨大的变革与发展进程中，"威斯康星思想"的创始人查尔斯·范海斯提出了高等教育社会本位的价值观

念。在现代，社会本位的高等教育价值观更多地体现在政府的高等教育指导思想中。无论是要求高等教育为社会平等做出贡献，还是要求高等教育在社会经济发展中发挥作用，都是社会本位价值观的具体体现。

（2）高等教育的目标是培养公民、造就人才

高等教育社会本位价值观在人才培养问题上，首先考虑的是为社会培养公民，为国家造就人才。因而主张严密的专业教育，即大学活动按专业划分，围绕专业设置课程，学生从进校至毕业始终在专业教育的范围内活动。专业设置则依据学科发展与社会就业结构的变动，特别是后者。社会职业对人才规格的要求直接影响着大学的培养计划与过程。大学对学生的教育与培养，首先考虑的是如何使他们适应社会的需要，适应未来职业的需要，而不是创造职业，乃至创新未来社会。

二、高等教育的基本关系

（一）高等教育与社会发展的关系

按照系统科学的观点，社会是一个大系统。在这个大系统中，有经济、政治、文化、教育等子系统。教育作为一个子系统，与社会大系统及其他子系统之间，存在内在的必然联系，即本质之间的关系。高等教育的外部关系，就是指教育活动与整个社会及其他子系统及其活动的关系，其中包括以下两个方面。

1. 高等教育受社会发展约束

高等教育受经济、政治、文化等社会子系统的制约，只是就其主要的系统之间的关系而言。实际上，制约高等教育的因素很多，重要的有生产力与科技的发展水平、社会制度、传统文化与外来文化，还有人口、民族等因素以及并非纯属社会因素的地理、资源、生态环境等。

（1）生产力、科技发展水平与高等教育

制约高等教育发展的最基本的因素是生产力与科技发展水平。生产力是社会发展最基本的动力。在现代社会中，生产力与科技发展水平是紧密联系在一起的，科学技术是第一生产力。因此，社会主义现代化，科技是关键。科技水平，虽不完全等同于生产力水平，但现代的生产力水平，主要取决于科技发展水平。

对于培养科技人才的高等教育来说，生产力与科技发展水平的制约作用，尤为明显。高等教育的发展规模与速度、专业的设置与课程的选择、自然科学与工程技术科学的教学内容、现代化教学手段的运用，无不直接受生产力与科学技术的制约。

社会学科、人文学科的专业，虽不培养直接进入生产过程的科技人才，教学内容一般也不直接反映科技水平，但不论是发展规模与速度，还是教学手段的运用，都要受生产力与科技发展水平所制约。尤其是管理类的专业，其教学内容更是与生产方式密切相关。

（2）社会制度与高等教育

社会制度是直接制约高等教育发展的因素。这里所说的社会制度，主要是经济制度与政治制度。计划经济与市场经济，是两种不同的经济制度。在计划经济向市场经济的转轨过程中，高等教育必须从适应计划经济转变为适应市场经济。资本主义与社会主义，则是两种建立在不同生产关系上的政治制度。不同的政治制度，不但制约着高等教育体制，而且决定了办学的方向、培养目标、思想政治教育以及社会学科的教学内容，这是不言而喻的。

（3）文化传统与高等教育

文化传统对高等学校的德育、智育、体育、美育，都有广泛的影响；其他社会因素对教育的制约，往往也要把文化传统作为中介。在发达的资本主义国家，有的教育管理体制是集权制，有的则是分权制；在高等教育培养目标上，有的重学术，有的重技术。这些都与该国的文化传统不无关系。外来文化作为文化传统源头之一，同样对高等教育具有广泛的影响。中国的传统思想，对于日本、韩国、新加坡来说是外来文化，而现在已成为它们文化传统的组成部分；对中国来说，马克思主义在20世纪初也是外来文化，如今则是中国的主流文化，在高等教育的方方面面起着主导作用。

教育目标的制定、教育模式的形成、教学内容的选择、教育质量的评价，都要通过人来进行，而人在成长过程中，文化传统，包括价值观、道德观、思维方式、心理倾向等，已积淀于他们的思想意识中，自觉或不自觉地在起作用。外来文化，一旦被认同，也同样积淀于思想意识之中并起作用。文化传统与外来文化对教育的制约作用，可能是积极的，也可能是消极的，往往是积极作用与消极作用共存。因此，在教育改革过程中，要认真对待文化传统与外来文化的批判、选择、继承、借鉴问题。

此外，人口、民族以及地理、资源、生态环境等因素，都对高等教育的发展直接或间接、全面或局部地起制约作用。例如，人口的数量与密度，显然是义务教育布局所要考虑的基本条件，也对高等教育的规模及发展产生作用；地理则不但是中小学校布局所应考虑的条件，也是职业技术学校、高等学校的建校与专业设置的重要因素。农业院校是否必须设在农村，就是一个地理环境的争论；少数民族地区的教育，必须充分考虑少数民族自治区的文化、语言、民情风俗；资源，全面制约着教育的发展速度并决定着发展重点；生态环境，则是教育环境的重要组成部分。如此等等，不胜枚举。当然，这些制约因素不是同一层次，它们所起的制约作用，也不是同等力度，但都是研究高等教育问题、制定高等教育发展战略时所应考虑到的。

2. 高等教育为社会发展服务

（1）高等教育为社会经济建设服务

高等教育为社会建设服务，首先要为经济建设服务；经济建设的首要任务是提高生产力水平，高等教育最基本的经济功能就是劳动力的再生产，把可能的劳动力转化为现实的劳动力，把一般劳动力培养为具有一定的生产知识、劳动技能，有觉悟和有文化素养的特殊的劳动力，以促进生产力的提高。

现代生产中的劳动力，已经不只是以体力劳动为主的普通工人或技术工人，还包括以脑力劳动为主的技术人员、专家、科学家。一方面，他们直接参与生产过程，从事生产流程的设计、运转以及解决生产过程中的各种问题；另一方面，他们将科学知识物化为现代化生产工具，并从事技术革命与创造，不断提高劳动生产率。同时，现代化生产的组织管理人员，也成为生产力中的重要组成人员。不论是普通工人、技术人员、专家、科学家还是组织管理人员，都要通过一定的教育来培养。高等教育在提高生产力水平和劳动生产率上，也显得越来越重要，人们已把高等教育的数量与质量作为衡量一国生产力水平与经济实力的一个重要指标。

（2）高等教育为社会制度建设服务

高等教育为经济建设服务，不只是为了促进生产力的发展，还要使生产关系适应生产力的发展。经济制度是生产关系的制度化，政治是经济的集中表现，政治制度集中体现了生产关系。经济制度和政治制度，共同构成了社会制度的主体。高等教育促进生产关系适应生产力的发展，主要是培养高层次人才以维护、改革、调整、完善经济制度与政治制度。这就是高等教育为社会制度建设服务的功能。

高等教育这一功能，主要体现为培养专门的技术人才和社会管理人才，包括经济部门和政治部门的管理者。专门人才和社会管理人才是维护社会秩序的主力，是进行社会改革与发展的骨干。任何国家，都要培养高水平的专门人才、政治领导人才和经济管理人才。

（3）高等教育为文化发展服务

高等教育为文化发展服务，主要体现在对文化的传承、选择与创造上。传承是高等教育最基本的文化功能。社会通过高等教育将前人所积累的生产生活经验、伦理道德规范、科学技术知识有计划地传递给下一代人。正是因为有高等教育活动，人类的文化才能一代又一代地传承下去而不中断。但是，人类数千年的文明历史，所积累的文化知识不可胜计，而学生接受高等教育的时间有限，即使是"终身教育"，也不可能把前人所积累的文化知识都传授给后人。同时，任何文化，都既有精华又有糟粕，既有社会发展所需要的知识，又有陈旧落后的东西，所以，高等教育对于文化的选择必不可少。

如果文化选择是各级教育共同的文化功能，那么，文化的创造功能则主要由高等教育来承担。普通教育一般只要求其将所选择的文化精华传递给学生，而高等教育则要通过研究种种创造性的活动，不断地创新文化。这是由高等教育的特殊地位与有利条件赋予的。高等教育所创造的新文化，总体而言是积极的、超前的。它推动了社会的发展，也使高等教育获得了新的生命力。在推动社会发展的过程中，高等教育也得到了发展。

（二）高等教育与人的发展的关系

如果教育的外部关系揭示的是教育的社会属性，那么教育的内部关系揭示的则是教育的本质属性。从"教育引导完备人性的建构与发展"这个基本定义出发，人是教育的对象，教育最主要的任务就是促进人的发展和完善，即促进人的整体素质的提高。因此，高等教育的内部关系，就是高等教育与人的发展的关系。

1.人的发展的影响因素

人的发展是指人的身体结构和人的机能中任何连续不断的、非病理的变化过程。它是个体从胚胎到死亡所经历的积极的、非病理的、有次序的变化，包括生理的发展和心理的发展，两者紧密相关。生理的发展包括身体各构成部分的结构与功能以及整体的结构与功能的变化；心理的发展包括心理过程（认识的发展）和个性心理过程（意向的发展）。认识的发展包括感觉、知觉、记忆、想象、思维等的发展；意向的发展包括需要、兴趣、情感、意志等的发展。在影响人的发展的因素中，遗传、环境和教育是不可缺少的因素。

（1）遗传素质为人的发展提供物质基础

遗传是指个体从祖先那里继承下来的各种生理解剖上的特点。遗传因素就是基因组成特点，也就是基因控制下合成蛋白质和构成机体的特点，其结果表现为个体一定发展阶段的解剖生理特征和发展的潜力。环境的各种因素只能通过遗传因素起作用，遗传因素是人发展的物质基础，但不能决定一个人的发展。

（2）环境制约人的发展

个体一出生，甚至在母体中就受到自然和社会环境的各种影响，而对人的发展起作用的主要是社会环境。社会环境包括个体周围的各种人物、场所、活动、风俗习惯、社会关系、人际关系，以及政治制度、经济和文化生活等。这些方方面面对人的影响，除了教育因素的有意识影响之外，一般是自发的、潜移默化的影响，人在一定环境的影响下，形成了一定的社会意识、生活技能和经验。人们与生俱来的遗传因素，包括各种生理解剖特点能否得到发展，或发展到怎样的程度，以及朝着何种方向发展，是与其所处的环境提供的客观条件，特别是其实践活动分不开的，遗传素质只是一种潜能，只有在一定环境的影响下，才能转化为现实。

（3）教育对人的发展起主导作用

教育也是环境因素，但不同于一般环境，是一种特殊的环境。一般环境因素对人的影响是自发的，而教育，特别是学校教育，是有目的、有计划、有组织设计的因素，对人的发展起主导作用。学校教育承担着培养人才的任务，由受过专门训练的教师负责，有精心选择和安排的课程，一般有固定的场所和规定的时间，按照设计好的培养目标和规格，系统地进行着培养人的活动。学校教育在培养人才的过程中，一切组织和活动不仅顺应社会需要，而且反映人的自身发展的要求；不仅符合社会对人才业务规格的要求，传授知识、训练技能、发展智能，而且重视对人才的思想觉悟、道德品质的提升，将"德才兼备""身心健全"作为人的发展目标。

学校教育在培养人才的过程中，采用的内容、方法和组织形式必须遵循教育自身的规律，有计划、逐步地诱发遗传因素（包括人性因素）向最优化发展，在内外因素相互作用下，促进人的身心发展达到更高的水平。可见，教育因素与遗传因素的相互作用对人才培养具有重大意义。如果有很好的遗传因素而缺乏教育，人是很难成才的。因此，人才成长是在健康的遗传素质、良好的环境和先进的教育等因素相互影响、相互促进的过程中实现的。

2. 高等教育引导与促进专门人才的成长

通过"全面考核、择优录取"的大学生，一般来说都已具备成才的德、智、体诸方面的基础和素质。高等教育工作者的职责，在于掌握大学生身心发展规律，积极主动地运用适当的方法，引导人才的成长，以培养适应社会发展的优秀人才。

（1）高等教育培养目标引导专门人才成长

培养目标是指把受教育者培养成社会需要的人的基本要求，它规定了所培养人才的基本规格、质量标准。高等教育培养目标，按照性质和特点，大致可分为三个层次：国家高等教育培养目标、高等学校培养目标和专业培养目标。国家高等教育培养目标表示高等教育应该培养什么样的"人"，它是人才培养方案构建的总纲；高等学校培养目标回答了某一类大学培养什么样的"人才"，是课程体系构建的大类依据，是大学办学特色的体现，具体规定某一层次大学的人才培养规格；专业培养目标明确了应培养什么样的"专门人才"，是课程体系构建的基本依据，是实现教育目标的直接依据和评价标准。在高等教育培养目标体系中，层次越高，目标越抽象；层次越低，目标越具体。

同时，高等教育培养目标是人才定向、课程调整的重要杠杆，是大学生未来发展的设计坐标，它不仅关系着大学课程设计上的综合功效和结构比例，而且影响着课程设置的广度和深度。培养全面发展的人，具体对他们有哪些要求，要求他们掌握哪些知识、技能，具有怎样的个性品质等，都是培养目标的具体内容。

高等教育自产生之日起，就具有培养人才的功能。无论它如何发展，这一功能永远不会消失。19世纪以前的大学，由于封闭性的自我发展，与社会生产毫无关系，只是为统治阶级培养官吏、绅士，为法官、牧师和医生等自由职业者培养后备军。工业革命后，随着科学研究进入大学，并且由于科学研究方法的日益规范化，大学培养的人才逐渐成为科学家、专门从事科学研究的工作人员。现代大学培养着社会各行各业所需要的高级人才，人才培养的规格和类型也在不断变化。

纵观这种人才培养目标的演进，可以发现这样一个事实：过去高等教育的培养目标在很大程度上都是由国家（尤其是计划经济国家）或高等学校制定的，忽视了学生自身的主观能动性。而随着数字化时代的来临，高等教育越来越强调以人为本，体现个性化，重视人的天赋。因此，高等教育培养目标也越来越多地体现出个体性，是对学习者个体自我选择、规定和设计的引导。

（2）高等学校课程体系整体指向大学生发展

体系是指若干相关事物相互联系、制约而构成的一个整体。实质上，一个体系就是作为一个系统而存在的，它具有系统的整体性特征。高等学校课程体系，是高等学校为了实现其专业培养目标而设计并指导学生的所有学习内容及其构成要素的总和。它包括课程在内以培养方案所设内容为主体部分的学校教育教学系统。

从某种意义上说，课程体系就是大学，是一所大学所创设的指向人的全面发展的一切。因此，大学是自我陶冶的学校。学生主体观就体现在构建课程体系的思想中。学生是具有主动性、能动性和创造性的人。从某种程度上说，人的主体性、主观努力是大学生发展的根本动力。因为人的大脑从来不是消极被动的，它处于一种永恒的运动中。学课程的过程就是一个人成长的过程，就是增长经历的过程，就是不断地积累经验的过程。课程完全是学生参与文化活动的过程。课程本质的"经验"性突出了学生的课程参与，使学生不再只是课程的追随者，而是课程的主人和占有者。因此，学生的求知欲和判断力，以及应对复杂情况的能力等，都必须靠有机的课程体系来唤起。

课程体系是一个既有思想内容，又有形式结构的育人的"文化场域"。一所大学，学校系统再好，如果没有作为实体或课程组织形式的整体优化的课程体系加以配合，学校的培养目标就无法实现。高等学校课程体系主要解决两个问题：一是实现培养目标应选择哪些课程及其内容的深度与广度；二是各课程间在内容和呈现方式上如何互相配合和衔接。这些问题的解决，都需要处理好课程体系内部的结构要素的关系，为学生成为不同层次、不同类型、不同规格的人才奠定基础，使他们成为全面发展的人才。因此，大学课程体系作为"文化场域"，是面向未来的，是发展的，是对大学生前途和未来生活的定向。

可见，高等学校课程体系是提供给一个人让他去占领人类创造和积累的知识世界以及选择文明方式的发展蓝图。高等学校通过以课程体系为主体的培养方案的实施，向每个求学者提供一套学会生存与发展的知识、技能和素质体系。在人人都可以接受教育的社会，享受到自己所需要的教育就是每个人追求的理想。

（3）和谐自由的教育环境为大学生提供广阔的发展空间

只有充分具备自由发展的条件，才可能实现每一个人的自由发展。从高等教育活动来看，自由发展的空间除了摆脱社会的、技术的、自然的各种压制外，就是确立教育过程和活动的自由人文环境。而教学中的大学生的自由，显然是指在教学活动中大学生以非强制的方式进行学习的状态，即大学教师通过恰当的教学组织而形成一种自由教学秩序，大学生在自由秩序中学习，大学生成为自己学习的主人。教学中的自由就是大学生的人身自由或个人自由。

所以，高等教育应着眼于大学生"平等化自由人格"培养空间的创设，其蕴含以下三层意思：

其一，完整的独立人格不是在真空中形成的，而是在学校环境中形成的，因此，社会环境将制约人格的发展方向，作为社会生活的个性化教育组织显然必须孕育"平等化自由人格"发展的可能性。

其二，"平等化"意味着每一个人（包括校长、大学教师和大学生）都是学校生活中的平等一员，这就要求教育组织提供学校成员不存偏见的平等相处的环境。

其三，人格的独立性表现为"自由"的个性和"自由"的德行。因此，要实现人格的"平等化"，要使学校成员真正能够平等相处，教育组织就必须使学校成员具有"自由"的状态。

所以，高等学校人文环境中的人格因素对大学生健全人格的塑造具有直接的影响。这要求高等学校教师、管理人员在教育活动中，信任、尊重和热爱大学生，使大学生在健康和谐自由的人文教育环境中逐步形成健康、完整、崇高的人格品质，从而实现个体成长的社会化。

第三节　高等教育目的与高校培养目标

一、高等教育目的

高等教育目的与一般教育目的一样，对教育对象的培养具有调控和指导作用；在教育目的设定方面，高等教育目的的设定同样也受制于社会、经济的发展，受制于青年学生的身心发展规律，两者相较而言，受社会、经济发展的制约程度要高一些。与此同时，高等教育目的对社会、经济的发展，对青年学生的健康也有巨大的反作用。因此，高等教育目的的个体价值、社会价值在一定意义上要大于中小学教育的目的。

（一）高等教育目的阶段

1. 自由教育目的阶段

所谓"自由教育"是指以自由发展人的理性为目的的教育。它最早是由古希腊教育思想的奠基者亚里士多德提出的，其最初的出发点是为自由民提供一种发展理性的教育，为自由民的闲暇和理性发展服务。自由教育形成了对西欧文艺复兴时期之前主教学校、修辞学校和文法学校起主导作用的教育思想。但在中世纪大学的形成和发展过程中，自由教育中也逐步融入了职业教育的内容。

高等教育自由教育目的的忠实捍卫者是英国的纽曼。纽曼是古典主义教育的忠实信奉者，关于大学教育的目的，他强调智力的培养和理性的发展，主张对学生进行以文法、文学、哲学等古典人文主义知识为主体的，旨在使学生掌握知识的要点、知识的原理及知识之间相互联系的自由教育。他认为，这种"自由教育"能培养一种能伴随人一生的理智的习惯，从而使人具有自由、公正、平静、温和、智慧的特征。

自由教育不是为了某一特定的或偶然的目的，不是为了某种特定的职业或专业，也不是为了研究或科学，而是为了智力而训练智力，是使智力能够感知其合适的对象，是为了最高级的文化。这种教育下的大学课程的目的是使学生"适应世界"。自由教育能使学生胜任任何职务，精通任何一门学科，这种教育告诉学生如何去适应别人，如何去了解别人的思想，如何在别人面前表达自己的思想，如何影响别人，如何与别人达成共识，如何宽容于人，知道何时表达自己的观点，何时保持沉默。随着高等教育的不断发展和其职能的扩展，这种纯粹教育的不足，受到了诸多批判。不可否认，这种自由教育也有其合理之处，如对人性发展的合理之处。纽曼的教育目的理念也得到同时代的许多人的支持。

2. 职业教育目的阶段

所谓职业教育目的，即培养专业人才，养成学生的职业特长、专长的教育目的。中世纪大学发展的历史表明，职业教育目的是大学起源的初衷。当时的大学主要是培养专业性人才的职业性学校，是为教会、政府及行业培养各种人才服务的。意大利博洛尼亚大学、英国牛津大学、法国巴黎大学的建立就充分证明了这一点。博洛尼亚大学以法学最为出名，其前身是一个主要讲授和研究古代罗马法的行会大学，主要目的是为当时发达的商业培养法律方面的人才。牛津大学是经院哲学的产物，其最早的目的是培养虔诚的神职人员，至今牛津大学师生穿的学袍还是当时神职人员穿的教袍。随后，学科的不断分化、工业革命的不断推进、资本主义经济发展的巨大成功大大推动了高等教育职业教育目的稳固和发展。

自由教育的不足在于过分强调知识的作用，强调人的理性发展，没有或较少顾及社会的发展需要，使大学与社会成为两个不相干的部分。与此相反，职业教育则过于强调人的职业特长、专长，强调人的社会适应能力，忽略了人的情感以及理性的发展和需要。随着人们对大学功能的认识的不断深入，高等教育自由教育目的和职业教育目的也得到了不断的修正和完善，由此出现了普通教育目的和强调人文教育与专业教育融合的教育目的。

3. 普通教育目的阶段

普通教育也可称为综合教育、全面教育。美国是推行普通教育最积极和最有成效的国家。在哈佛报告和美国总统高等教育委员会的报告中，对普通教育的含义进行了相应说明，综合起来可以认为，普通教育是指以培养人的独特品格和个人生活能力为核心内容的教育。普通教育的目的在于为学生提供完满生活所需要的价值观念、态度、知识和技能。普通教育的课程包括自然科学、社会科学和人文科学领域中与人的发展和社会需求相关的内容。基于普通教育的上述特点，有人认为普通教育与自由教育是一脉相承的，是自由教育的翻版；也有人认为，普通教育的目的是使个体更好地适应社会和生活，是为专业教育奠定基础的准备教育，具有明显的实用价值，所以本质上是专业教育。

从美国普通教育的现有模式来看，普通教育在教育目的上强调人的理性和一般素质的培养，在课程设置及其教学上强调知识的系统性及不同学科的整体联系，主张自然科学、社会科学和人文科学具有同等的地位，强调必须赋予专业教育人文性质。因此，普通教育把自由教育与专业教育有机地结合起来，既继承了两者的合理性，又弥补了两者的不足，突显了自己的特性和独特精神。美国的哈佛大学、耶鲁大学等名校的实践充分证明了普通教育的巨大威力。但人们应当认识到，普通教育也有其不足之处，即高等教育的主体是一种专业教育，普通教育在这方面很难保证做到。正因为如此，在高等教育领域又出现了另一种教育目的，即专业教育与人文教育并重的教育目的。

4.专业教育与人文教育并重的目的阶段

普通教育并不像自由教育、职业教育那样，作为一个完整意义的高等教育过程而存在，而只是设置在大学教育初期（通常在大学一、二年级）的一个知识基础性、广博性和准备性的教育阶段，其目的主要是为专业教育打基础。因此，普通教育与专业教育常常是独立进行的。如美国有些高校的新生是不分专业的，学生自由选科，进入三年级后才定专业、定方向。为了把普通教育的内容和精神融入专业教育的全过程中，产生了一种新的高等教育目的观，即专业教育与人文教育并重的目的观，或者说科学教育与人文教育并重的教育目的观。科学教育（专业教育）教人做事，人文教育教人做人。做事与做人并举，这是专业教育与人文教育并重的教育目的观的精华，也是人们所处时代——知识经济时代对高等教育培养人才的内在规定性使然。我国的许多有识之士都在大力倡导这种高等教育目的观。

（二）我国高等教育目的的价值取向

我国高等教育的目的是为社会主义事业的发展培养具有创新精神和实践能力的德智体美全面发展的高级专门人才。我国高等教育目的的价值取向是科学教育与人文教育并重。

1. 培养高级专门人才

社会主义国家的高等教育与世界各国的高等教育的共同之处在于，高等教育是培养高级专门人才的教育，这是由高等教育的本质属性所规定的，社会职业的分化与组合，由科学的发展所导致的学科的分化和综合，都突出了一个专业化的特点。人的能力在心理学中是无限的，但在现实的社会中，人的成长和发展总是确定在某一方向或某一个领域内，真正能够适应多种行业、职业需要的人非常有限。因此，高等教育作为培养高级人才的核心领域，走专业化之路是不可避免的。即使在知识经济时代，这种专业性仍然存在，不同的只是专业没有那样"专"了，专业的包容性更大了而已。

2. 培养为社会主义服务，为人民服务的高级人才

我国作为社会主义国家，教育为社会主义服务，为广大人民服务也就理所当然。高等教育在培养专才的同时，必须加强人才的政治素质培养，使他们具有坚定、正确的政治方向，这是非常重要的。21世纪所面临的和必须应对的是知识经济、经济全球化、高等教育国际化，这些都对高等教育培养人才提出了很高的要求。其中最核心的是创新精神和实践能力，而这两者正是我国应试教育条件下进入高校的学子所存在的主要不足之处，我国高校在这两方面对学生培养的难度相对而言也更大些。因此，高校在培养具有创新精神和实践能力的高级专门人才的过程中，在方法和途径上应走"教育与生产劳动和社会实践相结合"的道路，这既是教育方针的要求，也是社会、时代的要求。

3. 培养德智体美全面发展的社会主义建设者和接班人

高等教育确立专业教育与人文教育并重的教育目的，有识之士倡导科学教育与人文教育的融合，说到底是要培养德智体美全面发展的高级人才。大学生与没有进入大学学习过的人相比，全面发展的要求更高，对社会的价值要求也更高。在德的方面，要求大学生的人格更完善，思想境界更高，社会责任感更强，服务意识、奉献意识更浓。在智的方面，要求大学生的知识更丰富、更全面，认知能力、思维能力、创新能力更具有思辨性、发展性、时代性，专业水平、专业能力更高，业务素质更优、更强。在体的方面，要求大学生的身体素质更好，能适应工作的需要。在美的方面，要求大学生的审美能力、审美意识更强，具有宽广的胸怀、包容的心态；要求他们在学习和社会实践中，能够认识到人类的可持续发展，人类社会的可持续发展的永恒主题。社会主义所需要的建设者和接班人就是这样一种全面发展的高级专门人才。

二、高等学校培养目标

（一）制定高等学校培养目标的依据

在考虑高等学校的培养目标时，应重点考虑本专科层次的教育对象，兼顾研究生教育阶段的教育对象。根据我国的实际情况，制定高等学校培养目标应依据以下几方面的内容：

1. 依据教育方针和教育目的

国家所制定的教育方针和提出的教育目的，是整个国民教育体系所应遵循的基本行为准则，高等教育作为整个国民教育体系的一部分，在设计高等学校培养目标的过程中，理应遵循国家的教育方针和教育目的。既然是指导原则，也就不是照抄照搬教育方针，而是根据自身的任务与实际情况来确定具体的培养目标，因为培养目标本身就是教育方针、教育目的的具体化，它要具体落实到教育对象的培养过程之中。

2. 依据高等教育性质和任务

各级各类高等学校构成了高等教育这一独特的教育领域，高等学校，自然也就与广大的中小学校有着本质的区别。教育是培养人的活动，中小学教育的本质属性是培养具有健全素质的社会主义公民，与此不同的是，高等教育的本质属性是培养各级各类高级专门人才。由于性质不同，所以教育的具体任务也不相同。中小学教育的任务有两个：一是培养社会主义的合格公民和具有良好素质的社会主义劳动者；二是为更高一级的学校输送合格的毕业生。高等教育的任务也有两个：一是"培养具有创新精神和实践能力的高级专门人才"；二是"发展科学技术文化"。这两个任务都是为了"促进社会主义现代化建设"。各级各类高等学校必须以高等教育的性质和任务为依据来设计自己的培养目标，通过对人才的培养来促进社会主义现代化建设的宏伟目标的实现。

3. 依据高等学校的定位与层次

高等教育所培养的人才是高级专门人才，但是这种高级专门人才有层次之分，这是由高等教育的不同层次之分而形成的。我国高等教育有两个大层次和四个小层次，两个大层次为本专科教育层次和研究生教育层次，四个小层次是两个大层次的亚层次，分别为专科教育、本科教育、硕士研究生教育、博士研究生教育。这四个层次的教育对高级人才的培养规格各不相同、各有特色，在人才的序列上，专科最低，博士最高，我国目前以本专科层次的教育为主。专科层次主要有师范专科和高职高专两类。师范专科学校主要为中小学培养教师，因而注重未来教师教学技能的培养，注重学生专业知识的学习。高职高专主要为社会的某些部门培养专业性极强的实用型人才，因而在培养目标上注重实践能力的培养，注重应用性知识和技能的学习，对于基础理论不做过高的要求。本科院校与专科不同，它对基础理论的学习要求相当高，也注重专门知识和基本技能的学习和训练，要求所培养学生具有从事科学研究的初步能力，并能解决与专业有关的理论和实际问题。本科院校也培养应用型人才，但这种人才比专科毕业生文化修养要高，基础理论的掌握更扎实，专业知识的包容性更强。而研究生教育与本专科教育的不同之处在于，它是真正意义上培养"高级专门人才"的教育，因而研究生教育的培养目标应体现"博大精深"。基于高等教育层次的差异，分属不同地区、不同层次的高等学校在确立自己的培养目标时，应考虑到各层次教育的具体要求，不能拔高，也不能降低。

4. 依据高等学校的类型与特点

高等学校的类型常根据学校所包含的学科门类来划分。目前我国高等教育的学科门类有 13 个，分别为哲学、经济学、法学、教育学、文学、历史学、理学、工学、农学、医学、军事学、管理学、艺术学。根据院校的学科覆盖能力，可以大致将高校划分为综合性大学、一般性大学和专业性院校三类。综合性大学一般为研究型大学，其学科覆盖率大大超过一般性大学（普通高校）和专业性院校。正是由于高校在学科门类上的差异，高校在培养目标上也存在很大的不同。国外一流大学，无一例外在学科、课程的分布上很有特色，这也是高校追求独特的源泉所在。各级各类高校在设计、确立自己的培养目标时，无疑应当考虑各院校的学科特点，因为在现实社会中，不同的科类常常是为社会不同的行业、领域培养不同层次、不同类型的专门人才的。

5. 依据社会、经济发展状况

培养目标是对人才规格的具体化，而人才规格在不同的社会、不同的经济发展水平的阶段上是不同的。教育方针的制定、教育目的的确立都在一定程度上受到社会、经济发展的制约，高等学校培养目标的设计和制定同样如此，在某种意义上受制约的程度更深些。

从世界范围来看，日新月异的科学技术深刻地改变了，并将继续改变当代社会经济生活和世界面貌，当然也在改变着世界高等教育。当代科技进步的特点有三个：第一，知识积累的速度大大加快；第二，重大变革不断出现；第三，科技成果转化为产品的速度加快。在知识经济时代，这三个方面得到更进一步的发展。这使得世界范围内的高等教育朝着基础化和综合化的方向发展。从这一点出发，有人认为我国大学本科教育以培养高级专门人才为目标不合适，应以"毛坯"为目标，培养高级专门人才的毛坯以使学生在将来成为高级专门人才，并认为这种"毛坯教育"必须强调基础化、综合化和现代化，其核心是厚基础、宽口径、高起点。这一点，值得各级各类高等院校在制定培养目标时借鉴。

从我国的实际情况来看，我国正处于经济体制的改革——建立和完善社会主义市场经济体制的过程中。社会主义市场经济具有市场经济的共性，即强调市场的基础性作用，政府只是在宏观调控上发挥应有的作用。随着社会主义市场经济体制的建立和完善，必然对高等教育的数量、结构、质量和效益等方面不断地提出新的要求，对高等教育的人才培养模式和高等教育体制改革提出新的要求，同时也会对高等教育的思想观念和价值观产生深刻影响。这些影响虽然是多方面的，但都会集中反映在高等教育目的，特别是高等学校的培养目标上。这些影响也是不间断的，所以高等学校的培养目标就不可能是固定不变的，而应当进行必要调整，以跟上时代的步伐。

（二）高等学校培养目标的类别

高等学校培养目标，从其功能、特性和作用等方面来看，可以分为以下类别，目标设计也可相应地在此基础上进行。

1. 规定性目标与开放性目标

规定性目标是指以事先规定的教育期望为目标，师生在目标的引导下，通过一系列教育活动，达到目标规定的要求。在目前的培养目标中，大多以规定性目标为主。规定性目标的优势是有明确具体的规格要求，便于操作，便于评价。但规定性目标束缚了学生个性的发展，因为目标都是整齐划一的。因此，还必须设立开放性目标。开放性目标具有以下两层含义：

一是指教育者根据教育过程的实际进展提出相应的阶段性目标，它不以事先规定的目标为中心，而以过程为中心，即根据培养目标实施过程中学生的表现而展开。这种目标有利于培养学生解决实际问题的能力。

二是指重视学生在从事某项教育活动后所得到的结果，考虑学生在培养目标实施中表现出来的创造精神。在具体实施中，它为学生提供开放性的活动领域，然后看学生经过活动得到什么结果，再考虑结果的层次高低。这种目标有利于学生摆脱固定目标的桎梏，有利于培养他们的发现精神和创造精神。

当然，在高等学校培养目标的设计中，可以把规定性目标和开放性目标结合起来，使学生既有扎实的基础知识和基本功，又具有创造能力和解决实际问题的能力，从而达到使学生全面发展的目的。

2. 单向度目标与综合性目标

单向度目标是指按照学科逻辑、社会要求、人的特征的某一方面发展的需要而制定的培养目标。这一目标在过去高等学校中做出规定，如工科学校都培养"工程师"。这种目标使培养的人才缺乏特色，也不符合人才全面发展的要求。与单向度目标相对，培养目标可以设定为综合性目标。综合性目标是指宏观决策者面对大学的各专业，面对全体学生，设立的使学生全面发展的目标。这类目标必须具有全面性、广泛性和导向性。它需要综合单向度的目标，是在各向度目标上的升华。因此，从综合性目标到学生个体发展目标还有一个很大的间隔层。如果仅以综合性目标去引导学生个体的发展，就可能显得空洞无力。可见，综合性目标还需十分注意层次性，注意根据个体差异来制定不同的培养目标。

3. 个体发展目标与群体发展目标

个体发展目标是指每个人的个性得到充分发展的目标，是群体内所有个体素质发展的基本要求。个体是相对群体而言的，个性是相对共性而言的。因此，个体发展目标是区别于个性发展目标的：个性发展目标是个体的个性心理素质发展目标，它是指个体内具有倾向性的稳定的心理品质。它是一个个体的制导系统，是学生心理健康的基本要求。由于个体是群体的基本组成要素，没有素质发展水平高的个体，就不能形成素质发展水平高的群体；一个总体素质发展水平较高的群体是有利于个体素质进一步发展的。所以，群体发展目标是在考虑群体发展需要的基础上的个体性与群体性辩证统一的目标，只有在群体发展目标得到全面实现的情况下，个体发展目标才能真正完成。

4. 显性目标与隐性目标

显性目标是指能用外显行为动词表述，并且易于操作、可以测量的目标。这类目标既可进行整体目标的制定和评价，也可进行学年、学段目标的制定和评价，甚至可以进行某一课时的目标制定和评价。它的特点如下：目标的选择有充分的余地，可用明确、可测的外显行为动词表述，可用传统的或现代化的手段进行操作和评价，也容易为广大师生所接受。隐性目标是指那些能引起学生内在思想、心理变化的目标。其特点是内隐性强，虽然有些目标可以用外在的行为术语表达出来，带有整体性、概括性、抽象性和模糊性，但目标的制定和完成往往具有阶段性，目标的评价也不如显性目标那样明确具体可测。当人们明确了显性目标与隐性目标的特征后，在制定培养目标时，应尽量将隐性目标显性化，以便于操作和评价。

5. 实有目标与预期目标

培养目标的实有目标，是指通过教育的实施实际完成的目标。它是大学人才培养规格的实现。预期目标是指人们对培养目标的期望。它是高等学校所要培养人才规格的理想。实有目标与预期目标之间总有一段距离，这就是高等学校内部结构和功能需要改善之处。这一矛盾也是高等学校课程体系改革和发展的动力。在设计培养目标时，尽可能地缩短实有目标与预期目标之间的距离，是构建现代化教育结构的需要。

从价值取向上看，我国现阶段高等学校的培养目标仍以社会为指向、以知识为中心。在培养目标构建过程中，知识是否系统，学科结构是否完整往往是考虑问题的出发点。因此，高等学校培养目标应转向多重的教育价值，全面关注人的发展，以人才培养为根本出发点，把促进大学生各项基本素质全面而有特色地发展置于培养目标设计的中心，从而辩证地反映社会、知识、学生三因素对培养目标的必然要求。

（三）高等学校培养目标的发展趋势

由于人才市场需求的巨大变化，高等学校的培养目标和人才规格出现了多元化特点，致使高等学校培养目标取向呈现多元化发展趋势。即使是同一学科或专业内，其培养目标的价值取向也不尽一致，甚至大相径庭。如同样是法学领域，培养一个法学家和培养一个法官或律师，其质量要求和培养规格是不同的；同样，培养科学家和工程师、经济学家和企业家、文艺理论家和作家等，其质量内涵和培养目标要求也有明显的差异。其中十分重要的是作为高等教育质量观核心的相关知识、技能和素质的价值取向与价值序列问题。多元化是我国高等教育大众化的关键。高等学校培养目标多元化，是指根据社会发展的需求和学生个体自身状况将他们培养成不同类型、不同发展方向和具有特长的合格人才。多元化包含两层含义：①无论学校类型、学生层次、规格和发展方向有多大差异，所有的高等学校培养目标都必须服从合格人才培养这一要求和方向，即培养现代化的建设者和接班人；②高等学校既可以有现代的培养目标，也可以有其他符合时代发展方向的培养目标。同时，要结合社会需要、服务对象特点、办学特色和个体状况对学生的发展做出最佳的选择与设计，创造出适合对象的教育，而不是将所有学生都引向精英教育或"千人一面"的模板式教育。

高等学校培养目标多元化力求使学生个性化地充分发展和最大限度发挥个体潜能，充分尊重学生的人格和个性特征以及成长的自由性，体现现代教育是创造符合对象成长规律和发展需要的空间和条件的教育理念。这种多元化的发展趋势，是人的认识论基础从实证论转向多元论的表征，体现了社会多元化发展趋势的必然，是适应不同个体个性化发展需要的动力，是教育本身的变革要求。

人才的多样性，取决于也决定了培养目标的多样性。这是一条不可逾越的教育规律。因此，现代高等学校培养目标的制定，不能完全由国家或大学单方面来完成。高等学校培养目标在时代特征、地域特征、学校特征、学科特征和学生个体特征等方面，至少可以体现如下取向：

1. 通才化取向

在剖析苏联专业教育模式，针对其存在问题的基础上，绝大多数高等学校陆续提出并普遍推行以"加强基础、拓宽专业、培养能力、提高素质"为原则的教育教学改革。这是一种提高学生综合素质、增强学生适应力的改革思路，在某种意义上表现出"通才化取向"。

2. 专业化取向

"专业化取向"是指高等学校为培养社会急需的专业人才，纷纷增设热门专业，各科类专业越分越细。因为我国高等教育首先是作为大学生的生存手段而存在的，所以，高等教育应该帮助学生就业，授以谋生之道。这是"专业化取向"的培养目标存在的理由和依据。

3. 职业化取向

高等学校本科人才培养目标的重心下降，有些学校明确提出由理论型的培养模式转向应用型和职业型的培养模式。如上海市的一些高等学校的专业已实现向应用数学（如保险系专业等）的转轨，数学系人才在社会上走俏；一些学校在课程体系和教学内容的改革中将教学内容紧密地与社会实践和生产实践相结合，适应了社会发展的不同职业的需要。

4. 基础化取向

随着科学技术的飞速发展、知识经济的到来和高等教育自身的发展与普及，高等教育开始为终身学习打基础。高等学校的本科教育不再直接培养科学研究人员、大学教师及各领域的高级专业人才，而是为研究生教育打基础。因此，一些高等学校出现了培养基础型人才的做法。

5. 复合型取向

由于分工的专业化和新的职业岗位变化加快，知识创造性成分在财富增值中的比例日益增多，单纯的专业人才已不能适应知识创新的需要。从人的能力结构及其功能来看，学习专业知识只是使人具有了某一方面的"术"，其基本功能是把知识作为谋生工具；而复合知识则使人具有了综合性质的"道"，其基本功能是融通知识、深化知识，产生创新灵感。因此，"复合型取向"使大多数学生的知识结构趋于合理而大行其道。

6. 高素质取向

一方面，素质教育强调从单纯的"知识中心"向技能、能力和素质的全面发展转移；另一方面，人文素质和人文精神作为素质教育的重要部分，已为各国教育界所公认。因此，在培养目标方面，不仅要注重学生对基本知识和基本方法的掌握，更要注重学生对所学知识的批判意识、综合意识和合作意识的发展，从而提高高级专门人才的综合素质。

7. 个性化取向

这一取向要求加强学生个性、创新精神与创造能力的培养，提倡个性化教育。这与当今世界多元化的价值观、世界日趋多极化是一致的，也与知识经济时代对人才的要求相一致。

这里仅列举了七类目标取向，这些目标在内涵上或许有交叉渗透，应该是多种类型、多种规格的，以它们为指导所培养的学生也应该是多种多样的。明晰目标取向的多元化主要是为设计培养目标和构建课程体系提供参考。这几种目标取向在不同高等学校或学科专业中有不同的反映，相应地对不同学生需设计不同的课程体系。哈佛大学把学生分为六类：数理分析型、人际关系型、兼有数理分析和人际关系特点的混合型、老谋深算型、政治动物型和怪杰型。这六类学生的特点各异，具有各自不同的优势和弱点，需根据他们的特点进行教育，设计不同的培养目标。近年来，高等学校培养目标已呈现出多元化发展趋势。因此，高等学校培养目标的多元化是我国高等教育改革的方向。

第二章　高等教育的结构、功能与规律

高等教育的结构、功能和规律是高等教育的重要组成部分，是反映高等教育发展状况的重要指标。高等教育的结构、功能与规律的合理与否对经济、社会和高等教育自身的发展有重大影响。本章内容包括高等教育结构探析、高等教育功能定位和高等教育基本规律解读。

第一节　高等教育结构探析

一、高等教育结构的相关概念

高等教育结构是指高等教育系统内各组成要素之间的比例关系和联系方式，这是一个多层次多维度的复杂的综合结构。从高等教育结构的整体出发，它既包括宏观结构体系和微观结构体系，又包括纵向结构体系和横向结构体系，还包括静态结构体系和动态结构体系，是一个宏观微观渗透、纵横交错、动静结合的网状结构体。从高等教育结构的内涵来讲，它包括高等教育的组成要素，组成要素的数量、质量、性质、排列位置、时间关系、相互联系的方式、比例构成等，影响甚至决定着高等教育的性质、功能和效力。

高等教育结构与社会结构是相互联系的。它随社会结构的发展变化而发展变化，并促进社会结构的变化发展。相反，社会结构的变化发展，也必然促进高等教育结构的变化发展。调整和改善高等教育结构，目的在于寻求适应经济、政治和社会结构的最优化的高等教育结构。我国是社会主义国家，实行的是社会主义市场经济，这种特定的政治经济结构决定了高等教育结构必须以服务社会主义经济建设为目的，培养全面发展的专门人才。

（一）学制、体制与结构的关系

学制即学校教育制度，它规定各级各类学校的性质、任务、入学条件、学习年限以及它们之间的关系与联系。高等教育学制受社会制度的制约，受社会生产力和科技的制约，受教育规律的制约。

体制即以领导管理制度为核心的制度体系，它规定某个系统各个部门的管理权限和工作范围，以便各司其职，提高工作效率。高等教育体制是根据国体和社会发展需求确定的一种以高等教育的领导管理制度为核心的制度体系，是由国家权力机关和领导机构制定的、相对稳定的高等教育体系结构模式。其功能为划分高等教育管理权限，规范高等教育的活动方式和行为，维护和促进高等教育事业的良性循环。

结构，就是构成或构造的意思。具体来说，它包括三层含义：①系统内部各组成要素；②要素间的联系方式和相互作用形式；③诸要素的比例关系及其发展变化的条件和规律。任何事物都有其特定的系统结构，结构发生变化，功能也随之变化。概括来说，高等教育结构就是高等教育的构成。高等教育结构比较复杂，层次多样，受高等教育内外众多因素的影响，因此，为了更好地控制它、利用它，必须借助高等教育内外多方面的力量，促成高等教育结构的最优化。

高等教育学制和高等教育体制的共同之处是，它们都是一种制度，即可以约定俗成的章程。所不同的是，高等教育学制主要是针对专门人才的培养而言的，侧重于标准的掌握；高等教育体制则主要是针对高校的管理而言的，侧重于方针政策的引导实施。从这种意义上讲，它们既相互联系又相互区别。高等教育结构既包含高等教育学制和高等教育体制，同时也需要高等教育学制和高等教育体制作为发挥高等教育结构功能的前提和保障，它们之间是特殊与一般、个体与整体的关系。

（二）高等教育的静态结构和动态结构

高等教育是有目的地培养高级专门人才的社会实践活动，具有周期长、见效慢（滞后）的特征，因而具有相对的稳定性。高等教育所保持的稳定的、不变的结构即高等教育的静态结构。在一定时期内，由于社会发展比较平稳，高等教育可以根据自身的发展规律保持一种比较稳定的态势，对结构不做大的调整而履行其培养人才、开展科研和服务社会等职能。

但是，社会是不断发展变化的，为了使高等教育结构与社会发展相适应，高等教育结构不能仅停留在某一阶段、某种水平、某个模式上，必须根据社会的发展变化而加以调整，保持相应的弹性和灵活度，以充分发挥高等教育结构的功能。这也就是高等教育的动态结构。

高等教育的静态结构所反映的是一定时期内的高等教育结构状况，具有时代特征。而从动态结构中则可以总结出高等教育结构的发展轨迹和规律，指导高等教育结构的调整。

在高等教育结构中，静态结构与动态结构的划分，以及如何处理这两者之间的关系不能一概而论。在不同的社会发展阶段，高等教育具有不同的静态结构和动态结构以及相应的功能。可以明确的是，在不同的社会发展阶段，高等教育的整体结构可能不一致，但高等教育结构中的某些组成因素、比例关系及作用方式可能出现相同或类似的情况。出现这种情况的原因在于不同发展阶段的社会具有共同的需求，如专业结构中的基础学科专业，为现代任何社会所必需等。与此相适应，高等教育结构也应该反映和适应这种共同的社会需求。这些就成为高等教育静态结构的主要内容之一。在高等教育结构中，容易受外力的影响、需要不断加以调整的部分，如高等教育的层次结构中专科生与本科生的比例关系、本科生与研究生的比例关系等，更多地属于高等教育动态结构的范畴。

静止是相对的，运动是绝对的。静中有动，动中有静。高等教育静态结构与动态结构是互相包含、互为前提的关系，离开一方，另一方就失去了意义。所以，在确定社会某一发展阶段的高等教育结构时必须用发展的眼光看问题，既保持结构的相对稳定，又使结构富有弹性和灵活度，以实现高等教育静态结构和动态结构的优化和协调。

（三）高等教育的宏观结构

高等教育的宏观结构是指与经济、社会发展等外部因素关系密切，事关高等教育总体的高等教育结构。它包括层次结构、科类结构、形式结构、分布结构、管理体制结构。

高等教育的层次结构，也称为高等教育的水平结构，主要是指不同程度和要求的高等教育的构成状态，包括高等专科教育、本科教育、研究生教育三个层次。这个结构的特点如下：①具有相对独立性，即每个层次有其自身功能和结构；②各层次之间相互联系，形成梯度等级，表明层次之间的递增关系；③具有中介性，使高等教育各层次有序地形成一个整体系统，按社会结构层次的需要，培养各种程度的专门人才。高等教育的层次结构在很大程度上是由国民经济的技术结构所决定的，反映了社会分工的纵断面。不同时期的国民经济技术结构对专门人才的数量以及层次比例有不同的要求，因而影响甚至决定了高等专科教育、本科教育、研究生教育三个层次的比例结构。

高等教育的科类结构是指高等教育发展中不同学科领域的构成状态，反映了社会分工的横断面。高等教育的科类结构在我国主要由工科、农科、林科、医药、师范、理科、财经、政法、体育、艺术、管理、文科、军事大类组成。高等教育科类结构的主要制约因素是国民经济的产业结构。在同一时期或不同时期，不同的产业、同一产业的内部各部门对专门人才的需求，在数量和质量上是不同的，这里存在一个客观的标准和比例。高等教育的科类结构是高等教育培养专门人才的横向结构，它规定着高等教育所培养人才的"品种"和规格，是高等教育全局性的基础，对社会发展具有非常直接的影响。

高等教育的形式结构主要指不同办学形式、学校类型的构成状态。它有三层含义：其一指全日制、半日制和业余高等教育等办学形式之间的比例及其联系方式，包括全日制大学、电视大学、夜大学、业余大学、函授大学等；其二指不同类型的高校及其联系方式，包括综合性大学、单科大学、短期大学、教育学院等；其三指国家办的、地方办的、民办的高校之间的比例及联系方式。高等教育的形式结构主要是由国民经济的消费和分配结构以及国家经济中生产资料的所有制结构决定的，同时在很大程度上受科技发展及其作用状况的制约。例如，中央政府、地方政府分配给高等教育事业的经费的有限性与要求接受高等教育的人口数量庞大之间的矛盾，在客观上决定了多方面筹集经费，私立、合资、民办等多种办学主体和电大、函大等多种办学形式的必要性。科学技术的高度分化和综合，使每个专业工作者必须不断更新知识，从而使高等继续教育、高科技教育等成为必需品。优化高等教育的形式结构是提高高等教育效益，满足社会和个人发展需求的根本途径。

高等教育的分布结构是指高等教育机构在地区分布上的构成状态。高校在各地的数量分布状况、不同形式和不同等级高校的分布、不同科类专业的分布，构成高等教育整体的布局。高等教育的分布结构主要受三方面因素的制约：①国民经济的地区布局结构。表现为经济较为发达的地区高校比较集中，高等教育发展比较迅速。②各级政府和有关部门对高等教育作用的认识以及开展高等教育的积极性。③高等教育在各地区布局的历史沿革和文化发展状况。

高等教育的管理体制结构主要指高等教育管理机构的设置、隶属关系、管理权限和管理内容以及与之相适应的各种制度、法令、法规、规定等的构成状态及作用方式。高等教育的管理体制结构是国家政体结构的组成部分，主要受国家政治制度、国家政体形式和生产资料所有制形式的制约。在不同的政治制度、政体形式和生产资料所有制形式下，高等教育的管理体制结构明显有别。高等教育管理体制结构的合理与否往往反映着高等教育与社会的政治经济关系是否协调一致，与政治经济不协调的高等教育管理体制必须进行变革，以适应社会政治经济发展的需要。

二、中国高等教育结构的现状与调整

高等教育结构要根据经济建设、社会发展和科技进步的需要进行调整和改革，高等教育结构的改革是中国高等教育改革的重要内容。

（一）中国高等教育的层次结构

中华人民共和国成立以来，我国高等教育的层次结构发生了巨大变化：第一，三级高等教育的规模迅速扩大；第二，三级高等教育结构不断调整；第三，增设了双学位，加快了管理人才的培养速度。

尽管如此，随着我国经济、社会和科技的不断发展，我国高等教育的层次结构仍然存在诸多问题：①三级高等教育总体发展规模偏小，人才培养数量不足。有相当数量的本专科院校在校生未超过千人，三级高等教育机构的潜力尚未充分发挥出来。②三级高等教育的发展速度相互不协调。根据我国经济建设和社会发展的需求，三级高等教育都要发展，但由于高等本科教育本来基数就大，同时发展往往会加剧原来的不协调。③高等专科教育不够稳定，研究生教育发展不平衡。近两年增招专科生大多是本科院校大量设置专科专业的结果，这些本科院校希望将来将多数专科专业升为本科专业。如此下去，必然导致一、二级高等教育的新的不合理比例状态。研究生教育的问题则在于，基础性学科专业报考和招生人数均不足，热门专业生源充足，部分自费在职研究生的质量难以保证。

为了消除上述弊端，优化高等教育层次结构，从实践上看，通常应采取的措施有以下三个：

第一，继续调整本专科教育的比例，在扩大一、二级教育规模的基础上，优先发展高等专科教育，迅速为中小企业培养更多的技术人才。

第二，调整普通高校的任务分工，明确将高校划分为大量招收研究生的高校，以本科生培养为主、个别专业招收研究生的高校，在本科专业之外兼设专科学校或分校的本科院校以及独立的专科学校等几种类型，实现某种程度的协调发展。

第三，注重三级高等教育培养人才的特色、规格和质量，加强对高校的质量监督，防止盲目"升格"和追求高学历。

（二）中国高等教育的科类结构

我国高等教育的科类结构有三大特点：一是高等教育科类结构一直处于不断调整和变革之中。其中财经、政法科类变化最大、发展最快，其专业布点数不断增加，在校生比重持续上升，农、林、基础性文科和理科等在校生比重有所下降。这一特点反映了我国经济、社会的迅速发展对人才培养规格和类型的新要求，同时也说明我国现行高等教育科类结构还不完善，亟待改进和调整。二是增加了不少新专业，包括应用文科、应用理科以及一些新兴学科。这在一定程度上满足了社会对多种规格的专门人才的需求。三是专科程度的科类发展迅速，在部分本科院校，专科程度的科类专业数基本上与本科专业持平。

高等教育科类结构存在的问题主要有四个：①财经、政法类在校生数量仍然偏少，难以满足经济、社会迅速发展的需求。②科类专业设置的短期行为严重。部分高校为迎合市场需求，不考虑科类结构的综合平衡，不顾条件盲目大量设置应用科类专业，削弱基础性科类专业，造成人才质量低劣。③某些科类专业，尤其是应用科类专业低水平重复现象严重。很多院校为达到创收目的争上同一专业，这样重复设置既容易影响专业教学质量，也容易导致这些科类人才的结构性过剩。④地方对专科程度的科类专业缺乏宏观调控，不利于高等教育科类结构的优化。

因此，仍需对当前高等教育科类结构进行调整。从实践上看，通常可采取三个办法：其一，实行科类专业设置双轨制，借助国家和各级政府宏观调控的手段，使重点科类专业和基础性科类专业保持适当的规模。对那些非重点和应用性科类专业，可利用市场进行调节，同时通过有关法规进行间接调控。其二，通过挖掘高校潜力，扩大财经、政法、应用文科和理科类专业覆盖面，从而提高办学效益。其三，确定高等教育科类结构的调整幅度和节奏，保持高等教育科类结构的相对稳定。

（三）中国高等教育的形式结构

我国高等教育的形式结构主要由三部分组成：①全日制普通高校。包括综合性大学、专业学院或大学、短期职业大学、高等专科学校。②成人高等教育机构。包括函授大学、广播电视大学、夜大学、自修大学（自学考试）、职工大学、农民大学、教育学院和中学教师进修学院、管理干部学院，以及实施非学历教育的老年大学等。③民办或私立高校。

我国高等教育事业经过多年的发展，逐渐形成了自己的特色，并取得了较好的成绩。从教育对象来看，形成了职前高等教育形式和职后高等教育形式并举的局面。从培养规格来看，形成了学历教育形式和非学历教育形式并举的局面。从教学方式来看，形成了课授与面授形式、电化教学形式和函授教学形式并举的局面。从学习方式来看，形成了全日制形式和部分时间制形式、业余制形式并举的局面。从办学力量来看，形成了国家办学形式和其他社会力量办学形式并举的局面。

高等教育形式结构存在的问题是，部分高校的规模太小，办学条件较差，办学质量有待进一步提高。从整个形式结构来看，各种教育形式之间联系不够紧密，缺乏统筹规划、合理分工和相互协作。普通高等教育内部的办学形式比较单一，全日制面授的住读生比例过高，电大生、夜大生的比例偏低。成人高等教育中，学历教育比重过大，对各种岗位专业培训不够重视。国家对民办高等教育发展还未给予足够的重视，缺乏法律保障和一系列可操作的政策、制度、措施。

针对这些问题，进一步调整和改革高等教育形式结构通常应确立的指导思想包括：第一，巩固和完善各种办学形式，努力提高教育质量；第二，成人高等教育以岗位培训和业余学习为主；第三，加强各种形式高等教育之间的横向联系，充分发挥普通高校、广播电视教育的作用；第四，鼓励和支持其他社会力量办学，丰富和完善高等教育体系，促进高等教育事业的发展。

（四）中国高等教育的分布结构

在政治、经济、文化基础、人口等因素的影响下，我国高等教育分布结构形成了自己的特色：①高等学校呈梯层结构。梯层中最高一层是经济、科技发展（较）快或（比较）发达地区，高校数量较多，包括京、沪、川等省市。处于中间一层的是经济发达或比较发达但科技基础较差或发展速度较慢的省市，包括天津、广东、浙江等，它们的高校数量处于中间位置。处于最底层的是一些边远地区和内地经济不发达地区，高校数量较少，包括新疆、西藏、青海等省区。②高等学校大都集中在大城市。③师范类、医药类高校的地区分布比较合理，每个省的行政地区（或市）一般都有一所高等师范专科学校，每个省的医药院校基本都分散在若干城市中。这种情况也主要是由师范类、医药类院校的培养目标和性质决定的。我国高等教育的这种分布结构有利于促进高校为地方经济建设服务，提高办学效益。但其最大的弊端是容易导致经济和科技文教发展的两极分化，不利于扶持和加速落后地区的经济建设，不利于发挥高等教育的经济功能。

高等教育的分布问题是一个比较复杂且又很不容易进行结构调整的问题，

它涉及许多因素，而且从不同角度出发可能会得出不同的布局观点。例如，从办学的效益来看，高等学校相对集中在大城市，条件好、信息多，便于与其他高校的横向联系，但不利于偏远地区的经济社会发展；反之，若只考虑按地域划片，由于我国的经济发展的不平衡性，那些位于偏远落后地区的高校在各个方面都处于不利地位，从而会影响办学水平和教育质量。而从高等教育民主化的角度来看，就可能得出与上述角度不同的观点和结论。此外，高等教育的布局与历史有密切关系。当前的布局状况，并非某种设计的结果，而是多年来由各方面因素逐渐演变而形成的，因而要加以改变，也绝非易事。而且高等学校的创建、迁徙，是会遇到许许多多难以解决的问题的。所以，在布局结构的调整方面，还要从理论上、实践上做进一步的探讨。

（五）中国高等教育的管理体制结构

我国现行的高等教育实行的是统一领导，分级管理的管理体制，即对高等学校实行中央统一领导，中央和省、市、自治区两级管理。在管理体制上，我国的普通高校基本分为三大类，它们分别由中华人民共和国国家教育委员会、中华人民共和国国务院有关部委、地方政府教育部门主管。而且，国家教育委员会对国务院其他部委所属高校、省市自治区教育行政部门对国家教育委员会直属高校均分别有一定的调控管理权或调控权。

这种管理体制结构的好处是有利于调动中央和地方各级办学的积极性，保证国家有关政策措施的贯彻实行，保证高校的整齐划一。其弊端包括：第一，高等学校多头领导和管理，各管理部门之间职责不清，工作互相不协调，不利于高等教育办学效益的提高。第二，政府部门对高校管得过多，影响了高校的办学积极性。统一招生分配，统一教学计划，统一人事工资制度等，导致高等教育政教不分，妨碍了高等教育事业的发展。第三，部门办学还带来学校、专业设置重复以及办学效率不高等问题。

调整我国目前不合理的高等教育管理体制结构，关键是处理好高等学校与各级政府的关系。一方面，应扩大高校的自主权（包括专业设置、招生、分配、经费使用等），增强高校主动适应经济和社会发展的活力；另一方面，必须加强和改进国家对高等教育（学校）的宏观指导和调控，提高我国高等教育的总体效益。与此同时，必须逐步下放中央部属院校的管理权限，使更多的部委属院校逐步向地方管理过渡，实行跨部门、跨地区联合办学，打破高等学校条块管理的限制，增强高等教育的适应性。

三、构建合理的高等教育运行机制

高等教育结构受诸多因素的制约，就内部来说，高等教育运行机制是制约高等教育结构的最主要因素。所以，在研究高等教育宏观结构的同时，必须研究高等教育的运行机制。

所谓高等教育运行机制，是指高等教育系统的运作原理或机理，它是以高等教育体制为载体的，而体制又是由国家权力机关和领导机构制定的。因此，从实践上看，高等教育运行机制主要受经济、政治体制的制约；而从理论上看，与制定者的高等教育思想观念有着密切的关系。高等教育思想观念的形成受很多因素的影响，其内容也极其丰富。

从中华人民共和国成立到 20 世纪 80 年代初，我国的高等教育运行机制主要受原来单一计划经济体制的影响，在高等教育体制上形成了一套以集中统一领导为特点的计划模式，其运作原理主要靠计划调节。随着 20 世纪 80 年代中期"有计划商品经济"理论的提出，这套运行机制的弊端逐渐暴露出来。特别是我国提出"我国经济体制改革的目标是建立社会主义市场经济体制"之后，改革原有高等教育运行机制，建立适应社会主义市场经济体制的高等教育运行机制，就成为高等教育改革的一项主要任务。

《中共中央关于建立社会主义市场经济体制若干问题的决定》指出："建立社会主义市场经济体制，就是要使市场在国家宏观调控下对资源配置起基础性作用。为实现这个目标，必须坚持以公有制为主体、多种经济成分共同发展的方针，进一步转换国有企业经营机制，建立适应市场经济要求，产权清晰、权责明确、政企分开、管理科学的现代企业制度；建立全国统一开放的市场体系，实现城乡市场紧密结合，国内市场与国际市场相互衔接，促进资源的优化配置；转变政府管理经济的职能，建立以间接手段为主的完善的宏观调控体系，保证国民经济的健康运行；建立以按劳分配为主体，效率优先、兼顾公平的收入分配制度，鼓励一部分地区一部分人先富起来，走共同富裕的道路；建立多层次的社会保障制度，为城乡居民提供同我国国情相适应的社会保障，促进经济发展和社会稳定。这些主要环节是相互联系和相互制约的有机整体，构成社会主义市场经济体制的基本框架。"根据这一基本框架，高等教育要改革办学体制，扩大地方和院校的办学自主权，就要在招生、专业设置、教材内容、教学方法以及毕业生就业等环节进行进一步改革。

社会主义市场经济体制作为一种与计划经济体制有着本质区别的经济制度体系，对我国高等教育的发展提出了新的要求。它要求高等教育体制从以下五个方面做出改革，形成合理的运行机制。

（一）领导体制

在市场经济体制下，政府、社会、学校在高等教育运行中是相对独立的利益主体，并以此为依据，做出相应的职责、权益划分。新的高等教育领导体制的建立，既要有利于加强党对高等教育的领导和政府对高等教育的分级管理，又要保证高校有充分的办学自主权和随着社会经济政治的变化与发展不断做出主动调整的活力。政府对高等教育的领导与管理应通过立法、经费调配等手段进行间接控制，而不宜过多地采用行政手段进行直接控制，以便高校对复杂多变的市场经济做出迅速、灵活、准确的反应，培养社会所需的各种专门人才。

（二）投资体制

我国社会主义市场经济体制中以公有制为主体，多种经济成分并存的特点，要求高等教育的投资体制也做出相应的改变。从办学主体来看，高等教育已从单纯的国家包办向国家、社会和个人多种主体办学并存的方向发展。高等学校应成为相对独立的实体，在经费收支等方面享有一定的自主权。从投资渠道来看，国家各级政府财政拨款、收取学费、吸引企业和个人投资及海内外捐资等形式并存，将成为未来中国高等教育投资的基本形式。

（三）教育教学体制

在高等学校的教育教学活动中，与市场经济体制关系最为密切的是高校的专业与课程设置以及与此相对应的一系列体制。在计划经济体制下，统一的专业课程设置和与之相对应的僵化刻板的体制不利于高校为瞬息万变的市场需求培养多种规格和类型的人才。社会主义市场经济体制的逐步确立，要求高校的教育教学体制向国家和各级政府宏观调控、学校自主办学、社会积极参与、学生适当自由选择相结合的方向发展，并最终形成高校的新的教学适应机制。

（四）招生、就业体制

过去计划经济条件下那种统一招生、分配的体制已越来越不适应社会主义市场经济的要求。建立和健全高等教育招生和毕业生就业的新的机制，扩大高校在这方面的自主权，实行国家统筹规划、地方因地制宜、学校自主灵活、个人自由选择相结合的新的招生、就业体制，有效地实现人才资源的合理配置和流动，将是改革的大方向。政府在这方面的职责将从下达指令性指标向用经济杠杆和有关政策进行宏观调控和引导的方向转变。

（五）内部管理体制

社会主义市场经济体制对高校内部管理体制的要求主要是建立一套高效的内部管理体制，提高办学效益和工作效率。市场经济的竞争性，要求高等学校打破计划经济体制下平均主义的思想，充分发挥各个部门和每个人的作用，合理配置和利用各种资源，建立"能者上、无能者下"，优胜劣汰，在利益分配上兼顾学校整体利益、部门利益和个人利益的高校内部运行机制，保证高等学校在健康、高效发展的轨道上履行其为社会主义建设服务的职能。

建立高等教育的合理的运行机制的最终目标是尽可能减少用行政上的种种应急措施来纠正原结构中的各种失调现象，建立一种主动、高效、灵活、能进行自我调整的相对稳定的体制，并形成其运转的良性循环，从而保证充分发挥高校培养全面发展的高级专门人才，开展有效的科学研究活动和为社会经济、政治、文化发展服务等各项功能。我国高等教育合理的运行机制的建成不可能一蹴而就，它需要一定的时间，并需要从理论和实践两个方面不断探讨和总结，从而使之不断完善和趋向合理。

第二节　高等教育功能定位

高等教育的功能反映了高等教育与个人、社会之间的特定关系。个人、社会需要的多样性和复杂性与高等教育本身的发展和属性的变化，使得高等教育具有多方面功能。从人的角度来看，人是社会中的人，人的本质是社会诸关系的总和；人的发展，要在社会的发展中实现；人的价值，只能体现在社会价值之中。人不能超越社会，离开了社会价值不存在抽象的人的价值。从社会的角度来看，社会是人按照一定模式或系统组成的集合体。社会的发展，归根到底，取决于人的个体与群体素质的提高；社会发展的最终目的是最大限度地满足人民日益增长的对美好生活的需要。作为人与社会的中介的教育，它的基本功能在于根据社会的需要促进人的发展，通过培养人来促进社会的发展。因此，促进人的发展与促进社会的发展，是教育的两个不可分割的基本功能。

一、教育功能的概念

"功能"是指物质系统所具有的作用、能力和功效，指有特定结构的事物或系统在内部和外部的联系和关系中表现出来的特性和能力。在中国人的日常用语中，"功能"常常是"作用"的同义词，但作用有积极和消极之分，它是根据作用所产生的结果来判断的。"功能"则是事物或方法内含的、可能发挥的有效作用。因此，在严格意义上，"作用"与"功能"是有区别的。

功能与职能是两个意义十分相近的概念，在辞书中的解释没有太大的区别，有时甚至可以相互替代使用。例如，《现代汉语词典》对功能的解释是事物或方法所发挥的有利的作用；效能。对职能的解释则是人、事物、机构应有的作用；功能。可见，功能和职能的意思有相近之处。但仔细分析，二者还是有一些不同的。

功能和职能的联系在于：功能是一个系统或结构本身所具有的能力，它相对而言是客观的，职能是建立在人们对事物功能认识的基础上所赋予事物的能力，可以说是人们对事物发挥作用的一种美好的预想。一般而言，事物有什么样的功能就可以转化为相应的职能。它们的区别在于：功能和职能不是一一对应的，功能不一定可以转化为职能，而职能也不一定是建立在功能的基础之上的。或者用通俗的语言概括，功能是实为的能力，职能是应为的能力。功能是由事物本身所实际具有的能力所决定的，不是由外部赋予的，因而是客观的；职能含有人的目的和期待等主观意味（但不是纯主观的）。

从概念的内涵上说，功能和职能虽然有相同之处，都指事物的作用，但二者还存在应用范围的区别。功能通常指具有一定结构的系统所具有的作用，它不是人们主观臆想或外部力量强加的，也不是事物内部潜在的或者说是"应该是什么"的问题，它是事物通过自己特有的活动而实际起到的作用。这种作用既包括一系统对另一系统的作用，也包括某个系统中部分对整体的作用。职能则指某一机构的职责和能力。因此，如果把事物看作一个系统，在谈其作用时往往使用"功能"一词，而当谈到某一机构的作用时，则大多使用"职能"一词。对于教育和相应的学校而言，前者是社会的子系统，其作用应为教育的功能；后者是实施教育的机构，其作用应为学校的职能。

高等教育的功能就是高等教育所具有的功效以及能够发挥这种功效的能力的总称。简言之，就是回答高等教育对人类社会发展和人的发展所能起到的作用。当然，教育的功能是多方面的。从作用的对象来看，教育功能可分为个体功能和社会功能；从作用的方向来看，教育功能可分为正向功能和负向功能；从作用的呈现形式来看，教育功能可分为显性功能和隐性功能。甚至还可以据此进行多维度的复合分类。

二、高等教育的基本功能分析

教育的基本功能有两个方面：教育的个体发展功能和教育的社会发展功能。

高等教育作为教育的一个子系统，也具有促进人的发展和促进社会发展这两项基本功能。

（一）高等教育的个体功能

高等教育的个体功能是高等教育对个人所起的作用，也就是高等教育要促进个人的身心发展。高等教育正是在对每一个人施加影响，满足每一个人的求知欲望，帮助实现每一个人的目标的过程中和基础上，体现着其功能和价值的。在高等教育的功能体系中，个体功能是其最基础的功能。

1. 促进个人掌握知识、发展能力

教育的基本功能是传授知识、发展能力。高等教育在促进人的发展中，传授知识、发展能力是其最基本的价值。接受高等教育意味着个人知识量的增加和知识结构的完善。在大学环境中和教师的指点下，学生能够以较少的时间获得人类长期积累的大量知识，这是非高等教育环境中的人在等量时间内难以完成的。而且高等教育能使人的知识结构更完善，与中等教育、初等教育相比，高等教育传授的知识更高深、系统和深刻。另外，高等教育更注重专业知识的教学，因此，它可以使受教育者个体的知识结构更为完善。同时，高等教育还促进个人智力的迅速发展和能力的不断提高。知识与能力是紧密联系在一起的，经过高等教育阶段的学习，个人会形成符合自己特点的学习方法，具有较强的学习能力，终身受用。特别是在大学阶段还能培养个人的研究能力，这是普通教育所没有的功能。通过高校的专业教育实践，实现由学校学习到社会实践的转换，形成了个人的实践能力，为学生跨出校门、走上社会奠定了在实践领域的能力基础。

2. 提升个人精神境界和心理品质

大学具有崇高的社会地位，是一片净土。提高个人文明素养始终是高等教育功能体系中重要的组成部分。在培养大学生文明素质中发挥很大作用的不仅是大学中设置的课程与安排的一些活动，更有大学的精神氛围和独特的校园文化等潜在因素。大学的精神氛围和校园文化与社会上其他一些机构的精神氛围相比，更具有求真、创造、文明程度高的特点，这些潜移默化的影响是丰富深刻和持续绵长的。高等教育阶段正是人的世界观、人生观、价值观等形成的关键时期，高等学校能按照学生身心发展的规律和社会的要求培养学生强烈的事业心和责任感，正确的荣辱感和爱憎感，坚强不屈的意志，激发学生正确的学习动机和创造的欲望，使其养成自尊、自信、诚实、勇敢、宽厚、仁慈等良好的个性心理品质，提升个人的精神境界。

3.促进个体社会地位的改变

每一个人，由于在社会中所处的阶层和所从事的职业等不同，而有着不同的社会地位。人的社会地位受多种因素的影响，在古代社会，人们的社会地位往往是世袭的。在现代社会中，提高受教育水平则是人们改变社会地位的一个重要途径，特别是接受高等教育是人们改变社会地位的一个重要手段，甚至是影响代际流动的唯一路径。接受高等教育可以使人脱离父辈所从事的职业与所处的社会地位，从而能够有较多机会进入从事脑力劳动的职业阶层。这对于那些父辈从事体力劳动的个人来说，地位无疑发生了改变，而且这是一种向上的变动。另外，继续教育、职业培训、终身教育等的发展，能使个人本身所从事的职业发生改变，从而提升其地位，并引起其名誉声望、收入水平、权力界限和特定生活方式的重大改变。

（二）高等教育的社会功能

高等教育的社会功能是高等教育对社会所起的作用，也就是高等教育要促进社会的发展。高等教育作为一种社会活动，它对社会所起的作用是自始至终存在的，高等教育通过其特定的活动来促进社会的政治、经济、文化等的进步和发展，从而对社会发展起到巨大的推动作用。

1.高等教育的政治功能

（1）使受教育者政治化

政治化是人的社会化的重要内容，人的政治化可以使个人理解社会的政治观念，树立社会所向往的政治理想，形成维护现行政治制度的政治行为。而高等教育采用开设政治理论课、思想教育课的形式或是在相关学科中渗透有关的政治教育和公民教育内容来进行对个体的政治化，使受教育者形成国家、政府和政党所提倡的政治理想和政治信念，进而培养出具有一定政治素质的社会公民，这是维系社会稳定和发展的需要。

（2）培养政治领袖及专门政治、管理人才

自古以来，各个社会的领导人才很大程度上是由学校造就的，现代社会的国家领导人才一般都要通过高等教育来培养。例如，美国的哈佛、耶鲁大学，英国的牛津、剑桥大学，法国的巴黎大学，日本的东京、早稻田大学等就以培养高层次领导人才而著名。在我国，随着社会主义现代化建设事业的发展，国家对各级领导干部的科学文化知识的要求越来越高，高等教育也承担起为社会培养各种政治人才的任务。一般的社会领导者、管理者也都需要高等教育来培养。

（3）促进政治变革与民主化

教育与政治的关系错综复杂，政治制约着教育，教育同时反作用于政治。从历史发展的进程来看，教育与政治关系的一个核心问题是民主问题。一方面，教育领域的民主化进程进一步推动了民主政治的发展，另一方面，政治上的民主权利在教育领域得以扩展与延伸。同时，教育水平的提高有助于实现政治文明，而先进的政治理念多数也要依靠教育来传播。

2. 高等教育的经济功能

长期以来，人们一直把接受教育看作一种消费行为，认为教育是一种非生产性投资，教育投资占用的是国民收入再分配中的消费基金，它不像物质生产部门那样能即时带来实质性的物质利益和直接的经济收益。人力资本理论认为，人力资本是具有经济价值的一种资本，在现代经济增长中，人力资本投资的作用大于物力资本投资，而教育投资是人力资本投资的核心。教育不是纯消费性事业，教育劳动是生产性劳动，教育投资是重要的生产性投资。在我国经济发展由依靠追加物力、资金投入的粗放式增长模式转变为依靠提高人力和科技水平的内涵式增长模式的过程中，人力资本投资已成为不可或缺的因素，教育在经济增长中的作用越来越显著。概括来说，高等教育的经济功能主要表现在三个方面：

（1）高等教育培养的高级人才是经济增长的永恒动力

新增长理论认为，知识和技术是经济增长的内生变量，通过教育和培训获得的特殊知识和专业化的人力资本是经济增长的主要因素，它们不仅自身能形成递增的收益，而且能使其他要素也产生递增的收益，从而使整个经济的规模收益递增，递增的收益保证着长期的经济增长。这一经济增长模型说明，拥有大量人力资本的国家会取得较快的经济增长速度。高等教育通过各种形式传授知识，让受教育者的身体、心理、智力、技能得以全面发展，成为具有一定劳动能力和文化素养的劳动者，提升整个民族的思想道德水平和科学文化素质。不同类型、不同层次的高等教育为社会培养不同层次的各类人才，为社会经济发展源源不断地输送高级劳动力，提供智力支持，能够促进经济发展，实现经济增长。

（2）高等教育可大幅提高劳动生产率

教育是先进生产力的源泉，高等教育能开发、提高受教育者的劳动技能，提高个体的劳动生产力。劳动者的劳动生产率与其受教育程度密切相关。人力资本理论认为，劳动者受教育程度越高对提高劳动生产率的贡献就越大。随着科技的发展，生产率的提高越来越依赖劳动者的劳动能力，对劳动者的受教育程度要求越来越高，高等教育的作用将更加重要。同时，高等教育的快速发展也拉动了关联产业的投资和消费，带动了相关产业的发展，提高了社会经济收益率。

（3）高等教育以科学研究服务社会经济发展

科学技术是第一生产力，现代科技的迅猛发展极大地促进了经济的发展，并促进社会各领域和各层面的深刻变革。近代社会以来，科技的飞速发展以及市场经济体制的建立，推动高等教育不断地与社会产生密切关联。社会生产方式的变革及其对高层次人才需求的日益扩大使高等教育逐渐从社会的边缘走向中心。特别是随着知识经济时代的到来，经济社会发展对高层次人才的依赖达到了前所未有的高度。现今，科研创新是高等教育的重要责任，高校有科研优势，以科技研发为纽带，可以为社会部门提供科研服务，大学已成为国家科学研究的主力军。同时，高等教育在传递科学技术的过程中提高了受教育者的科技水平和素养，赋予他们将科技转化为现实生产力的才能，有助于实现突破创新，形成新理论、新技术、新成果，持续推动科技进步和促进经济社会发展。

3. 高等教育的文化功能

（1）高等教育具有保存和传递文化的功能

教育从一开始就是人类文化保存和传递的重要途径，社会通过教育将前人所积累的生产生活经验、伦理道德规范、科学技术知识有计划地传递给下一代人，正是由于有这种教育活动，人类的文化才能一代又一代地传承下来，高等教育是永恒的人类传递文明的主要手段和重要阶段。

（2）高等教育具有选择和整理文化的功能

在文化选择上，高等教育所起的作用特别重要，本来数千年人类文明史所积累的知识就已不可胜数，而今又面临信息社会的知识爆炸，如何使学生在有限的时间内学到人类文化的精华，文化选择就显得十分重要。高等教育由于学科门类众多，涉及文化的方方面面，能够进行广泛的选择。同时，高等教育是基于各级教育的最高层次，其选择颇具权威性和影响力，其他层次教育的文化选择在一定意义上是在高等教育文化选择的基础上进行的再选择，并能使那些最基本的文化知识更加简约和通俗易懂。值得注意的是，文化选择的过程实际上是文化评价的过程，评价标准不同，使文化选择的结果丰富多彩。

（3）高等教育具有创造和更新文化的功能

就教育领域来说，文化创造功能主要由高等教育来承担，基础教育一般只要求将选择的文化精华传递给学生，高等教育则通过科学研究和种种创造性的活动不断地创造和更新文化，这是高等教育的特殊地位与有利条件所赋予的特殊的文化功能。也就是说，高等教育，尤其是研究型大学，集中了大批学有专长的学者，加之科类齐全，信息灵通，中外文化交流频繁，设备条件优越，有利于开展基础理论和边沿交叉学科的研究，同时高校与社会经济部门有直接联系，又有利于开展应用开发型研究，大学作为学术思想荟萃的园地和中外文化交流的窗口，为创造和更新文化提供了良好的条件，中外高等教育史证明，文化创造的火焰往往是在高校校园中首先点燃的。

（三）高等教育个体功能与社会功能的关系

人的发展与社会发展的一致性，决定了高等教育促进人的发展与促进社会发展两个基本功能在本质上是统一的。高等教育要想促进社会的发展，就必须满足人的自身发展的需要，提高人的个体与群体素质；高等教育要想促进人的发展，就必须满足社会发展的需要，使社会能提供人的发展所需要的物质的和精神的教育资源。人的发展与社会发展互为目的、互为条件，高等教育的价值是促进人的发展与促进社会发展的价值的统一。因此，高等教育必须协调这两种基本功能，才能充分实现高等教育的价值。

在阶级社会中，高等教育具有鲜明的阶级性和政治倾向性。在原始社会，高等教育满足人的发展需要和满足社会生活需要的功能是原始地结合在一起的。到了奴隶社会和封建社会，高等教育功能就逐渐向社会功能倾斜，而在高等教育的社会功能中，主要的又是高等教育的政治功能。在资本主义社会，高等教育社会功能中的经济功能被增强和扩大。在现代化社会，高等教育功能会日益向多样化方向发展，并更多地显示其文化功能。

第三节 高等教育基本规律解读

教育规律问题是教育基本理论的一个核心问题，整个教育学的任务其实就是研究和揭示教育的规律，并以此指导和推动教育实践的发展。

关于本质的认识：首先，事物都有一个本质，哲学的任务或目的在于认识事物的本质；其次，事物的本质就是事物中具有永久性的东西；最后，本质通过关系来揭示。一切存在的事物都存在于关系中，而这种关系是实存的真正性质，关系就是他物联系与自身联系的统一。因此，认识事物的本质，一方面要分析该事物的"他物联系"，即它与其他事物的联系以及由此而获得的相应属性；另一方面要分析该事物的"自身联系"，即它从他物联系中所获得的各种属性之间的联系。可见，本质与规律，是同一层次的范畴。本质是指事物内在的必然联系，由事物内在矛盾所构成；规律就事物的发展过程而言，指事物在其发展过程中的本质关系或本质之间的关系。教育在其发展过程中，各种因素之间存在本质的关系，揭示之，就是对教育规律的认识。

一、教育基本规律及其分类

教育规律是教育现象与其他社会现象及教育现象内部各个要素之间本质的、必然的联系或关系。探求教育规律，离不开对教育现象和教育问题的研究，但不能只对教育现象和问题进行表面描述，要对多种教育现象进行分析，把感性认识上升为理性认识，形成系统的理论，进而指导人们的教育实践。高等教育实践需要高等教育基本规律的指导，高等教育实践的发展更需要高等教育对基本规律的理论认识的突破和质的飞跃，使人们对高等教育这种现象能够具有较为抽象和更合乎规律的认识。

（一）教育规律的含义

要全面准确地理解教育规律的概念，就要先知道规律的含义。规律，亦称"法则"，是事物发展过程中的本质联系和必然趋势，它是反复起作用的。任何事物都有自己的发展规律。规律是客观的，是事物本身所固有的，人们不能创造、改变和消灭规律，但能认识它，利用它来改造自然界，改造人类社会，并且限制某些规律对人类生活的破坏作用。规律是看不见摸不着的，只有对丰富的现象进行分析研究，从感性认识上升到理性认识，才能认识规律。科学的任务就是要揭示客观规律，并用其指导人们的实践活动。

可以看出，规律的特性如下：①客观性。规律是客观存在的，是事物本身所固有的属性，它并不以人的意志为转移，人们只能认识它、利用它，而不能创造它或消灭它。②普遍性。规律是同类事物所具有的共同的属性，这种属性贯穿于事物发展的各个阶段。③必然性。规律是事物之间的必然的联系和趋势，它是反复起作用的，只要具备条件，事物的这种必然的联系和趋势也就必然会重复出现。

多年来，尽管人们大都认为规律就是关系，但在怎样理解教育规律的特性问题上出现了两种取向：一种取向基本遵循"规律"的传统意义，认为教育规律应该在"自在性""客观性""必然性""确定性""可重复性"等意义上来理解;另一种取向则认为教育规律具有不同于自然规律的特殊本质,它应该具有"应然性""自为性""偶然性""不确定性""方向性"等特点。自然规律是自在的,不是为人而存在的,不具有应然性,作为社会规律的特殊部分的教育规律,是通过人的教育实践活动来体现的,因此,教育规律对于教育实践活动的主体来说,不仅具有必然性,而且具有应然性和自为性,其中自为性即主体性。这种观点,在进入21世纪后得到了不同形式的呼应,随着复杂性哲学、科学理论的广泛传播,有学者开始转向以复杂性理论来阐释教育规律,从而使偶然性、不确定性等特性在教育规律中占有了一席之地。

长期以来,人们普遍认为教育规律是一种"确定性规律",把探求教育规律等同于寻找简单的线性教育因果关系。事实上,教育是有序与无序、确定性与不确定性统一的复杂系统,教育中不存在严格的线性因果关系。教育规律主要表征为统计性规律和非线性规律,即教育因果关系不仅具有客观性和决定性,还具有统计性和选择性,以及非线性和多向度性。从这个意义上说,将教育规律视为一种确定性规律,对教育理论研究和教育实践都会产生误导。现代意义的教育规律,不只是"确定性规律",还包括"统计性规律"和"非线性规律"。"确定性规律"是一种建立在牛顿力学基础上的规律类型,意指可以根据物体的初始状态来准确地判断物体的整个运动,预知这个物体每个定时点上的位置和运动速度及运动状态。主要表现为因果必然联系的内在的、定量的规律性,也就是过去所认为的本质的、确定性的联系,也有人称之为普遍的教育规律或必然的教育规律。统计性教育规律表现为偶然现象或因果偶然联系的外在的、定量的规律性。非线性教育规律是教育系统或教育活动中表现出来的确定性与随机性相统一的内在的、定性的规律性。

教育规律虽由"确定性规律""统计性规律"和"非线性规律"构成,但并不是等量齐观,而是有所侧重的。现代教育规律明显具有位移的特征,即从传统的"确定性规律"位移到现代的"统计性规律"和"非线性规律"。或者说,传统的"确定性规律"被现代的"统计性规律"和"非线性规律"所取代。教育规律主要表征的位移,只反映了教育规律从传统的确定性位移到现代的统计性和非线性,或者说传统的"确定性规律"被现代的"统计性规律"和"非线性规律"取代的总趋势,但并不代表对"确定性规律"的否定。非线性教育规律作为基本规律,表现为教育系统和教育活动中呈现出必然与偶然、有序与无序、确定与不确定的统一。确定性规律和统计性规律是非基本规律,这两类规律在整个教育世界中只占很少一部分,可能存在于一个局部或一个较短的时间段。

（二）教育规律的分类

关于教育规律的分类，综合国内学者观点，当前对教育规律的分类主要有以下观点：

①把教育与其他社会现象之间的关系称为"教育的外部关系"，把教育内部诸方面、诸部分的关系称为"教育的内部关系"，进而把教育规律分为"教育外部关系规律"和"教育内部关系规律"。

②按"规律就是关系"的说法，提出教育工作中有诸如教育与政治之间的关系等十大关系，这十大关系就是十大规律。

③按规律作用的范围，把教育规律分为一般（普遍）规律和特殊（具体）规律。

④教育的基本关系有四种：教育与政治的关系、教育与国民经济的关系、教育与受教育者身心发展的关系、教与学及师与生的关系，并相应地提出教育的四条规律。

⑤教育规律有四类：一是揭示教育本质的规律；二是揭示教育过程的规律；三是揭示教育各种制约因素关系的规律；四是揭示教育过程中各种对立统一关系的规律。

⑥以教育规律的存在和作用的形式为分类标准，可以把教育规律分为静态的自在形式的教育规律和动态操作形式的教育规律两大类。

⑦普通教育学探索的主要教育规律大致包括三个层次：第一层次是普遍教育规律也叫基本规律；第二层次是学校教育规律；第三层次是学校内部的具体教育工作规律。

⑧教育系统存在教育生产力规律、教育关系规律、教育方式规律和再教育规律这四类本体规律。

⑨运用系统方法可以在最宏观的层次上把教育规律系统划分为教育的结构规律、教育的功能规律和教育的发展规律三个子系统。

⑩将"教育社会关系规律"和"教育自身关系规律"作为教育规律分类的总概念。或者说，教育规律有"社会关系规律"和"自身关系规律"两大方面。这两方面都有基本规律及其共有规律、特有规律，具体规律及其共有规律、特有规律几个层面和人类永恒性规律、时代性规律、阶级性规律三个层次，提出了"社会关系、自身关系分类法"纵横交错的教育规律立体体系。

⑪从基本规律与特殊规律、内部规律与外部规律两个角度对教育规律的构成进行分析，提出了教育规律的宏观架构，即教育规律在宏观上由四部分构成：

教育内部基本规律、教育外部基本规律以及教育内部特殊规律、教育外部特殊规律。

综上所述，教育规律的分类可以概括为四大类：第一类为"教育规律非逻辑分类"，即直接提出四条或十条教育规律；第二类为"教育规律的逻辑分类"，即从内部与外部、一般与特殊、动态与静态等范畴来分类；第三类是"教育规律的立体体系"，即从内部与外部、基本与具体两个角度来分类；第四类为"教育规律的分类学体系"，即分为一级、二级，依次逐级细分。

教育规律的分类有如此多的说法，到底如何确定，目前还是模糊不清。这表明，人们对宏观的教育规律的总体架构尚无明确的结论。教育规律架构上的这种模糊不清，反映出教育规律研究的复杂性与艰巨性。

二、对教育基本规律的探讨

有人认为教育中不存在普遍客观的规律，只有相对的规律。持后现代主义观点的教育学者也认为教育中不存在普遍的规律，他们认为，教学论的概念的含义一般都不可能是普遍的、自明的，企图以此概念为基础去追寻整个教学理论的普遍性显然是不现实的。也有人把教育现象看成历史性、价值性与精神性的现象和一种复杂的现象，认为从本质上说教育是一种价值选择、价值追求的活动。但无论人们在理论上是否承认教育规律的存在，教育规律都是客观存在的。规律不是由因果性规定的，而是由稳定性规定的。但由于稳定性不同，社会规律与自然规律不同，由于条件不同，规律往往会有完全不同的表现，规律不是永恒的、固定的、不变的。可以说，教育中的规律不同于自然世界中的规律。因此，规律是事物发展中一定条件下稳定的联系，其中稳定的联系是指事物发展的规律是在一定条件下、一定范围内、一定历史时期内的联系，它不是一成不变的，随着条件、范围、时间的变化，规律也会变化，也就是说，人们对教育规律还要重新定位和进一步探讨。

教育规律是教育研究中一个常议常新的话题，其原因有两个：从理论研究的角度来看，无论是回答"教育理论能否指导教育实践"还是回答"教育学能否成为一门科学学科"的问题，都绕不过教育规律这道"门槛"，因为教育研究承担的任务之一就是探寻和揭示教育规律，为提出教育理论奠定基础；从教育实践的角度来看，"按教育规律办事"是人们公认的一条准则。因此，在建构或评价某个教育理论，在总结教育经验、反思教育活动的成败得失时都会涉及对教育规律的认识和讨论。

在我国，对教育基本规律进行了较为系统的研究，其中比较有代表性的学者是洪宝书，他出版了最早的一本有关教育规律的个人专著——《教育本质与规律》。他认为，规律必须具有客观性、必然性和普遍性，并据此提出四条教育的基本规律：①教育形态与社会生产方式相适应的规律；②教育进程与个体身心发展状态相适应的规律；③认知系统与动力系统协调发展的规律；④信息存储总量决定个体发展程度的规律。其实，在分类的基础上，关于教育规律内容的表述非常多。但不可否认的一点是，谈到"教育规律"基本上都认可教育的两大基本规律：教育与社会发展相互制约；教育与人的身心发展相互制约。的确，关于教育基本规律的观点这两条是最基本的，表述上也比较简单明了，易记、易学、易懂、易执行。具体而言，教育与社会发展相互制约的规律表现为教育与社会生产力相互制约；教育与社会政治经济相互制约。而教育与人的身心发展相互制约的规律，先强调遗传、环境和教育对人的身心发展的作用，批判了遗传决定论、成熟决定论、环境决定论和教育万能论，进而指出人的发展也对教育具有制约作用。

针对何为高等教育的基本规律这一问题，我国高等教育学科奠基者和创始人潘懋元先生从"高等教育作为一种社会现象"的视角，提出了"高等教育的外部关系规律和内部关系规律"，这也是我国多年来高等教育规律研究中最具开创性和代表性的成果，它不仅奠定了中国高等教育学的学科理论基础，而且对我国高等教育改革实践产生了深远影响。该观点一经提出，便引起了学界的普遍关注，虽然也遭到了部分学者的质疑，但总体获得了广大学者的认同。

潘懋元先生认为，在诸多教育规律中，有两条规律是最基本的。一条是关于教育与社会发展关系的规律，称为教育外部关系规律，简称教育外部规律；另一条是教育和人的发展关系的规律，称为教育内部关系规律，简称教育内部规律。其中，教育的外部关系规律制约着教育的社会功能，教育的内部关系规律制约着促进人的自身发展的功能。二者都是教育的一般规律，为一切教育活动所必须遵循的基本规律。为了更好地协调教育的两种基本功能，就必须掌握教育的两条基本规律。

对于潘懋元先生提出的"教育外部关系规律"和"教育内部关系规律"这一观点的争论和探讨长期持续，经久不衰，几乎占据了核心地位，并激发了绝大部分教育规律研究者的热情。

拥护者认为，虽然整个教育学（教学科学）是研究教育现象、揭示教育规律的，但以往的教育学并没有明确地提出和表述过教育有什么规律，有哪些规律，包括教育的基本规律。所以，教育内外部规律说的提出，可以说是对教育规律第一次明确的表述和概括。有人认为，"教育外部关系规律"和"教育内部关系规律"的观点，是迄今为止对教育规律宏观体系最深刻、最全面和最好的概括之一。

异议者认为，教育与社会诸现象间的本质的联系是教育这一事物内部固有的、稳定的、深刻的联系，不能说是外部联系、外部规律。此外，"外部""内部"的说法，易使人误认为教育是有别于社会的一个领域。教育与社会政治、经济等诸要素的规律性联系，通过教育目的而体现出来，所以不是什么"教育的外部规律"，而是教育本身固有的、内在的、本质的、必然的联系。据此，有人认为还应从事物的规律本身来论述（教育规律），以便更有利于实践，当然，"教育外部关系规律"和"教育内部关系规律"的分类，具有简单明了、便于理解和操作的特点。有人同时指出，"外部""内部"的提法与规律是事物本身所固有的内在本质联系相矛盾，往往会由此引起人们不必要的误解和争论，进而提出"高等教育必须适应和促进社会的发展"以及"高等教育必须适应大学生身心发展的特征和促进大学生德智体美等方面的全面发展"两条高等教育基本规律。

辩护者认为，教育外部关系规律的"外部"一词，是指在教育系统之外；"外部关系"指的就是教育系统与社会其他系统之间的关系，不可与"外在"一词混用。在中国哲学史中，往往把"外部"与"外在"，"内部"与"内在"混用，易生歧义，以致有人认为教育外部不存在规律。其实，不论事物的外部或内部都有本质关系或本质之间的关系，也有非本质或非本质之间的偶然联系。外部关系规律所指的就是事物的本质之间的关系。另外，"外部与外在""内部与内在"，是表示空间、范围与系统的概念，"教育的外部规律""教育的内部规律"的实际含义是教育的外部联系中的规律和教育的内部联系中的规律，因而是对不同空间范围内的教育客观规律宏观种类及教育规律系统的正确反映。

三、教育的外部关系规律与内部关系规律

按照系统论的观点，社会是一个大系统，教育是这个大系统中的一个子系统，它与社会其他子系统如政治系统、经济系统、文化系统以及各种社会因素如人口、资源、地理、环境、民族等之间，存在不可分割的必然联系和关系。也就是说，教育与政治、经济、文化等的必然联系与关系就整个大系统来说，是内部的关系，但就教育这个子系统而言，是外部的关系，故称教育外部关系规律。教育外部关系规律，是指教育活动过程与整个社会及其他子系统的活动过程，存在着相互作用的必然联系。这条规律可以这样表述：教育必须与社会发展相适应。适应，包含两个方面的意义：一方面，教育受社会的政治、经济、

文化等的制约；另一方面，教育要对社会的政治、经济、文化的发展起作用，以推动社会的进步。所以，这条规律可简明表述为教育必须受社会政治、经济、文化等的制约，并对社会的政治、经济、文化等的发展起作用。二者之中，"受制约"是前提，"起作用"是目的。

就教育本身而言，它是一个特殊的社会子系统，它的运行除了与整个社会大系统和社会其他子系统的活动存在内在的必然联系，要遵循教育的外部关系规律之外，还必须遵循其自身的特殊规律，即教育的内部关系规律。教育内部基本规律，是指在人的培养这一复杂的过程中，各种因素之间的必然联系与关系。而在这些关系中，最基本的关系有三个：一是教育与教育对象的身心发展以及个性特征的关系；二是人的全面发展与教育各个组成部分的关系；三是教育者、教育对象、教育影响诸要素的关系。所谓教育内部基本规律就是这些关系与作用的总和。教育在其发展过程中，内部诸因素存在的本质的关系，就是教育的内部关系规律。这条规律可以这样表述：教育要与教育对象的身心发展特点和需要相适应。简明些可以表述为教育受教育对象身心发展特点和需要的制约，并对受教育者的身心发展起作用。

教育的这两条基本规律具有内在的逻辑关系。教育外部规律制约着教育的内部规律的作用，教育的外部规律只能通过内部规律来体现。或者教育内部规律受教育外部规律的制约，教育外部规律要通过内部规律来体现。一方面，教育主要通过培养人来为政治、经济和文化服务，而培养"人"就是培养"全面发展的人"。所以外部规律就要通过内部规律来起作用，通过培养全面发展的人来体现。另一方面，只有在一定政治、经济、文化条件下，即社会主义制度、大工业生产、高度科学水平等条件下，教育才能彻底实现人的全面发展，所以外部规律又制约着内部规律。正是因为既依赖、制约，又相互作用，两种规律表现出一种辩证的逻辑关系，办教育既要遵循外部规律，又要遵循内部规律，应把内外部规律很好地统一起来，不能把它们分割开。

正确地理解与掌握教育外部规律与内部规律的统一性，对教育实践有重要的意义。一方面，要认识到教育不能不受其所处社会的政治、经济、文化、科技等的制约，无视社会环境或企图摆脱所受的制约，"就教育谈教育"，教育活动将无法进行，任何美好的愿望都将无法实现。办高等教育就必须面对社会经济的现实，不可能回避这一现实。否则，所培养的人才不适应人才市场的需要，大学就很难办下去，更不可能有所发展。另一方面，要认识到教育是不同于政治、经济的社会子系统，有其相对的独立性，办教育必须遵循教育内部规律，不能用经济规律来代替教育自身的规律，必须按照德、智、体、美全面发展的规律培养人才，才能真正地为社会主义经济社会发展和现代化建设做出贡献。

教育的这两条基本规律，特别是外部关系的基本规律首先由从事高等教育研究的学者总结归纳出来并不是一件偶然的事。由于高等教育所培养的是社会各部门的高级专门人才，所以它与社会政治、经济、文化等的发展具有直接的、密切的联系，对社会发展起着直接的作用。尤其是教育的外部规律，在高等教育领域表现得十分突出，其作用也特别明显。这些都为外部规律的概括和总结创造了有利条件。有关外部规律的提出和表述，目前已被教育界广泛认可和接受，教育外部关系规律在实践中已成为必须遵循的一条基本规律。

20世纪80年代中期以后，我国高等教育蓬勃发展，出现了许多新现象和新问题，许多教育界人士灵活运用教育内外部关系规律，解释和解决了这些新现象和新问题，如高等教育与商品经济（市场经济）的关系，文化传统与高等教育的关系，高等教育如何应对新技术革命挑战、高等教育大众化、中国高等教育地方化、中国民办高等教育发展、高等教育通向农村等，有力地论证了教育内外部关系规律的科学性。

当然，在认识这两条教育基本规律时还应注意：第一，"两条规律"是指整个教育的，而不是单指高等教育的，更不应以高等教育中的学术型大学的功能来否定教育基本规律；第二，"相适应"是指相互起作用，不应只理解为单方面的制约；第三，"两条规律"的关系是平行的，也可以理解为外因是条件，内因是根据，但不是上下位规律，上下位规律是一般规律与特殊规律；第四，"两条规律"的提出是从实践的需要出发的，是在总结实践经验（包括古今中外的实践经验）的基础上提出的，不是从哪一个理念中演绎出来的。

关于教育基本规律在高等教育研究与实践中的运用，从规律到实践，中间有许多环节。忽略这些中间环节，规律就会成为空洞的口号；如果直接用其指导实践，就会犯"教条主义"的错误。

第一，规律是抽象的、一般的，实践是具体的、特殊的。规律必须先转化为原则，才能指导教育教学实践。原则虽然比规律具体，但还是理论的、一般的，仍然很抽象，还要转变为政策、制度，有政策、制度还不够，还应转变为措施和办法、方案等，然后才能转化为实践。如果缺乏这些中间环节，教育规律就很难运用到教育实践中去解决问题。

第二，规律是客观的，而认识是主观的，这中间会产生矛盾。有时个人认为符合规律的做法，开始会被认为是违反规律的措施；而违反规律的政策、方案、措施，并不是一开始就被认为是"误区"，往往陷入之后，受到规律的惩罚才能醒悟过来。在决策上，为了避免不符合客观实际的主观成分，要广泛听取教育理论工作者和实践工作者的意见，反复论证，做到决策过程民主化，以减少主观成分，使决策较接近客观规律并具有实践的可行性。

第三，规律的存在是无条件的，规律的应用则是有条件的。规律具有普遍性，规律无处不起作用，但规律的应用要受各种条件的制约。必须具体问题具体分析，也就是说一切以时间条件为转移。

总之，必须遵循规律办事，但如何运用教育规律，必须联系实际。掌握规律，可以使人们看得更宽、更深、更远；而运用规律，则要求人们认真地研究中间环节，具体地研究制约条件。

第三章　高等教育多元化价值与主体解读

高等教育的多元化价值深刻影响着高等教育的发展。因此，高等教育应坚持"以人为本"的高等教育引领性原则，将促进人的全面发展作为高等教育的根本价值目标。本章围绕高等教育通才教育与专才教育、高等教育英才教育与大众教育、高等教育科学教育与人文教育、高等教育主体——教师与学生展开研究。

第一节　高等教育通才教育与专才教育

一、通才教育与专才教育的特征

所谓通才，指知识面较广、发展较全面、活动领域较多的人才。所谓专才，指只对某一专业甚至一个专业的某一方面进行深入研究，知识面较窄的人才。一方面，学科分化高度精密；另一方面，现代科学发展日趋综合，边缘学科、交叉学科等不断涌现，产业结构调整、职业变动以及人自身的全面发展，都对人才培养提出了更多方面的要求。与这种看似背道而驰的现代科学、人才发展趋势相适应，以发展科学、培养人才为基本职能的高等教育也就出现了通才教育与专才教育的内在张力。

与通才教育、专才教育密切相关的一对教育范畴是通识教育与专业教育，它们之间既有联系又有区别。通识教育是指高校全体学生所应接受的非专业性教育，旨在教授和培养他们积极参与社会生活，成为全面发展的人所必须具备的非功利性的基本知识、技能和态度。专业教育往往也称为专门教育，是使受教育者成为专业人才的教育。通才教育与专才教育不仅是一种价值层面的教育理念，更是一种实实在在的培养目标和培养模式；通识教育与专业教育，则更多地体现为一种理念及其指导下的课程设置。此外，前两者之间主要是矛盾关系，后两者之间主要是并列关系，即使有矛盾，也是统一多于对立。

（一）通才教育的特征

相较于专才教育而言，通才教育的目的是培养具有高尚情操、高深学问、高级思维，能自我激励、自我发展的人才。它实行的是一种博雅教育，注重理智的培养和情感的陶冶。概括起来，通才教育具有以下三个明显特征：

①知识与能力的基础性。通才教育非常重视基本理论、基本知识、基本技能和基本方法的学习与训练，重视培养学生解决各种复杂、深刻问题的能力。

②教学内容的广泛性。通才教育的教学内容相当丰富，它不仅涵盖了人文社会科学与自然科学的各个领域，而且充分体现了学科之间的相互交叉、渗透与融合。

③教育形式的多样性。通才教育的目标可以通过各种途径来实现，如设置博通类型的课程，开设综合性、交叉性的学科讲座，举办专题学术讨论会等。

（二）专才教育的特征

与通才教育不同，专才教育是指培养专门人才的教育。专才教育的目的是通过讲授某一学科的专门知识，培养掌握一定专业知识，同时具备一定专门技能的人才。专才教育同样具有三个明显特征：

①专才教育主要是通过分学科、专业进行的，培养的人才在短期内具有一定的不可替代性。

②教学内容与社会生产和生活紧密相关，具有一定的应用性。

③比较注重学生实践能力的培养，学生在毕业之后能比较快地适应社会生产的需要。

二、通才教育与专才教育的关系

（一）通才教育与专才教育是辩证统一的

通才教育必须以专才教育为目标，专才教育必须以通才教育为基础。所谓的通才与专才实际上只有程度之别，而无质的差异，不是通才的专才是不存在的。要在任何一个领域，哪怕只是一个小领域里做出一点成就，也必须懂得这一领域的基础知识。知识就像一张巨大的网，要在其中任一点有所突破，必然带动整个大网，所以要成为专才首先必须是通才。同样，通才教育也应该以培养专才为目标，对所知的东西只知道少数内容，也就不是通才的"通"了，要"通"实际上就是要"专"。

（二）通才教育与专才教育都是高等教育的重点

通才教育是大学教育的基础，专才教育是大学教育的核心，只有把通才教育与专才教育有机地结合起来，才能培养出具有全面素质基础且精通某一专门学问的高级人才。社会历史发展的进程表明，过分强调通才或专才教育，都有失偏颇。通而不专，解决不了具体的社会问题，难以适应社会分工的需要；专而不通，极易导致思维片面化，也难以适应社会发展的综合性要求。

（三）通才教育与专才教育并非完全对立

通才教育与专才教育并非完全对立的关系。通才教育所排斥的，只是当前被高度片面化和极端化的专才教育，它并不排斥科学合理的专才教育。科学合理的专才教育，不仅能为学生提供严谨的专业知识和严格的专业技能训练，还能为学生分享深入人类某一精神活动和智力领域的经验，帮助学生养成不断探索的学术精神，锻炼学生进行深入思考和解决问题的能力。对于学生而言，学会以学术的方式来思考问题，是一种非常必要的修养。一个学生在某一学术领域中所获得的精神探索的经验，会成为终身受用的素质。即使以后并不从事所学专业领域的研究活动，也可以是一个有学术精神的实际工作者，能够以一个学者的态度来思考实际的工作问题，拥有超越一般从业者的思想能力。这样的专才教育，是一种贯彻着博雅精神的专才教育，它与通才教育的精神并无二致。通才教育绝不是去造就空想家，而是要造就具有怀疑与批判精神、创新勇气与能力的善于思考和探索的人。在这个意义上，通才教育并不绝对地排斥专才教育；反之，贯彻着博雅精神的科学合理的专才教育，也一定不排斥通才教育。通才教育与专才教育的争论对于澄清什么是通才教育与专才教育是必要的，也是有益的。

第二节　高等教育英才教育与大众教育

一、英才教育与大众教育量和质的解读

（一）英才教育

1. 量的角度

英才教育作为量的描述，是美国教育家马丁·特罗的高等教育发展阶段理论的核心内容。这种理论不是停留在一般意义上对高等教育发展阶段的质的论

述，而是从人们所熟悉但又往往被人们所忽视的——量的视角对高等教育发展阶段进行描述，即把高等教育三个发展阶段与三组简单的数字——15%以下、15%～50%、50%以上（18～21岁适龄青年大学入学率）相对应和相组合，提出了英才、大众和普及的高等教育发展阶段的理论。一些国家的英才高等教育，在其规模扩大到能为15%左右的适龄青年提供学习机会之前，它的性质基本上不会改变。当达到15%时，高等教育系统的性质开始向大众型转变。如果这个过渡成功，大众高等教育在不改变其性质的情况下，发展规模直至其容量达到适龄人口的50%。当超过50%时，即高等教育开始快速迈向普及时，它必然再创新的高等教育模式。同时，在高等教育的三个发展阶段，高等教育机构的规模是大不相同的。英才型阶段的大学一般是2000～3000人的"共同体"。学生数超过3000人时，其内部被分割成许多自治的单位。代表大众化阶段的综合制高等教育机构，学生和行政人员有3万～4万人，与其说是"共同体"，不如说是一个"知识城"。而到了普及化阶段，高等教育机构的规模没有限制，成为一个为接受教育而登记的入学者的集合体。

2. 质的角度

明确英才教育就要了解精英的含义。据《辞海》解释，所谓精英，也称英杰，是指社会上具有卓越才能或身居上层社会并有影响力的杰出人物。日本教育学家对精英的定义如下：在一定的社会中有比普通人更优秀的内在属性或者有较好的外在属性；在一定的领域内和一定的水平基础上，通过他们的领导职能可使全社会的各种价值得到增值或得以保持下去；在决定全社会的结构方面，他们起主导作用和骨干作用，他们拥有一定的集团意识和特殊的文化财产，并具有向高度构造化方向发展的倾向。

以上论述在于强调，精英与其社会身份、地位、职业及其对社会的贡献等紧密相关。精英概念兼具"高度"与"素质"两方面的成分。所谓"高度"是指某种可以客观判断的成功标志，如职位、得分、盈利等，而"素质"则指个人的才智或涵养。这告诉我们，精英的质是由实体性和非实体性因素构成的。实体性因素是指社会身份、地位、职业及其对社会的贡献，非实体性因素是指精英理念、精英精神、精英品行等。在现实社会中，具有实体性因素的人，未必就是精英，或者说未必是名副其实的精英。同样，具有非实体性因素的人，也未必能够称为精英。因此，具有单一的实体性因素或非实体性因素，都不能称为严格意义上的精英。从严格意义上说，精英是两种因素（实体性因素与非实体性因素）的融合，精英其实是指有德行、有才干的政治家和学术专家。精英教育是建立在高深学问基础上的，以心智和人格的养成为核心，目的是让少数具有天赋和潜质的学生成长为高精尖人才。其衡量的尺度有两个：是否传授高深的学问；是否处于知识、学习和研究的尖端和前沿。

（二）大众教育

1. 量的角度

从量的角度来看，高等教育入学人数达到适龄人口的 15% ~ 50% 时，属大众教育阶段。其他学者后来又提出一些类似的判断标准。

2. 质的角度

从质的角度来看，大众教育是指在普通科学知识的基础上，以智力开发与人格养成为中心，旨在培养国家所需的各行各业的普通建设者的教育。另外，它还以极为发达和比较开放的高等教育招生制度为前提，以高等教育的层次、科类和形式的多样化为特征。

进入此阶段后，高等教育不仅在数量上比英才高等教育阶段有所增加，而且在高等教育的观念、教学内容与形式、学术标准、管理与决策以及高等学校的功能、模式、招生和聘请教师的政策与办法等方面，均发生质的变化。具体而言，在这一阶段，国家、政府虽然提供一部分的高等教育经费，但高等教育的主要支撑者已是个人，即高等教育经费主要来自社会和个人对教育的投资。高等教育面向全体社会成员，不设入学选拔考试或入学选拔考试不通过率极低。教育的机会增多，受教育者分布广泛，更多的人可以上大学，特别是工农大众子女也可以通过平等竞争进入大学，从而重新选择社会角色和地位。这一阶段高等教育规模的扩展，一方面表现为学校数量增多，学生入学人数比率达到相当程度，且学生人数的增长幅度远远高出学校数量的增长；另一方面表现为高等教育种类、层次、形式的多样化。同时，与各种职业相对应的技术逐渐成为专门的学科，并作为知识进行传授。高校向学生提供实用的、能为产业界利用的短期课程。

二、英才教育向大众教育的转变

（一）高等教育向大众化方向发展的必要性

高等教育大众化是 20 世纪中叶以来世界高等教育发展的大趋势，它是一国社会经济、文化发展的必然产物，是社会现代化的重要标志，也是高等教育现代化的基本内容之一。高等教育大众化是中国高等教育发展的必经之路。

中国高等教育大众化的呼声不是空穴来风，它是社会、教育和科技发展的必然要求和趋势，也是世界发达国家教育发展历程在中国的再现。从世界范围来看，高等教育大众化的初衷有两点：一是满足经济和社会发展的需要；二是追求教育民主和平等。通常将前者称为社会目标，将后者称为本体目标。历史告诉人们，实现社会目标远较于实现本体目标容易和现实。事实上，中国高等教育大众化乃至世界高等教育大众化，更多考虑的是前者而非后者。

1. 与经济和社会发展阶段、水平和目标相适应的要求

随着我国社会主义现代化建设事业的快速发展，改革开放的不断深入和扩大，社会经济和社会公众对高等教育的需求与高等教育的办学能力和发展水平的供给之间存在的矛盾日益突出。从经济发展阶段来看，我国正从基本实现小康向初步实现现代化迈进。此时，经济增长方式将发生重大变化。经济结构、产业结构的调整力度进一步加大。技术进步和产业升级将导致人才需求结构层次的上移，进而推动高等教育的发展。同时，人们尤其是青年人接受高等教育的愿望非常强烈。这是推动高等教育发展的强大动力，也是对高等教育扩大开放、迈进大众化的强烈呼唤。由于普通高等学校招生计划和入学条件的限制，人们转而参加开放度比较高的高等教育自学考试。人们越来越认识到，接受高等教育能够大大增加获得更多的生活乐趣、安全感和较好工作的机会。由于教育必须全面主动适应经济和社会发展对各类人才培养的需要，国家应采取积极发展高等教育的方针，坚持"发展才是硬道理"的思想，调动各方面的积极性，创造条件，促进发展，以解决高等教育的供需矛盾。

从经济发展水平来看，在工业化初期，必须普及义务教育，以保证劳动者的基本素质适应经济发展的需要；进入工业化中期，则必须普及高中阶段教育，并逐步实现高等教育的大众化，以满足工业化进程对各类人才的需求。可见，高等教育大众化是进入工业社会的必经之路。而在工业化后期及迈入知识经济社会后，则必须普及高等教育，才能适应和促进社会经济的发展。综观当今世界，经济发展水平与教育发展，已经到了唇齿相依的地步。科学技术越进步，生产力越高，社会越发达，高等教育及其质量也必然随之相应发展和提高。巨大的经济增长和社会进步，总是伴随着新技术需求和新就业机会出现的，并强烈地刺激着高等教育的发展。高等教育如果能在较短时间内达到或接近中等发达国家和地区的发展水平，就能为经济的全面高速增长提供源源不断的动力，进而推动经济发展和社会的全面进步。从经济发展目标来看，高等教育必须超前并推动其目标的实现。优先、超前发展教育，从而促进经济长期发展目标的实现，

已成为各国的共同选择。我国一些发达地区，目前正经历重大转变，既是从第二步战略目标向第三步战略目标加速推进的重大转变，也是由农业经济向工业经济和知识经济加速推进的质的飞跃，而实现经济目标要依靠高精的科技和大量的人才。因此，积极发展高等教育，推动高等教育大众化，从而促进科技进步与加快人才培养，是实施科教兴国战略的强国之路。

2. 推动教育民主化进程的需要

教育民主化是在更深层意义上人类对教育的不断追求。大众化最初是从初等教育开始的，而且以科学教育为基本内容。随后，中等教育入学机会问题出现。于是中学入学人数增多，国家将义务教育的年限向中等教育延长。伴随基础教育民主化的基本实现，民主的注意力和焦点自然转移到高等教育。20世纪40年代以后，先从美国，然后扩展到其他发达国家并波及发展中国家，大学入学人数急剧增多，高等教育的大众化开始了。教育，尤其是高等教育长期以来一直是部分人的特权，充满了不平等。对教育在地区、城乡、种族、民族、社会经济、政治地位等方面的不公平和歧视，对教育内部因学生性格、爱好、品质、智力等的差异所导致的不平等，特别是对教育结果及在社会上成功机会的不平等很少有人关注，更不要说试图去解决这些问题。

总之，在推行教育民主化时，外显为平等的自由精神已被有意或无意地淡忘或忽视了。加之国家认识到教育在政治、经济等方面起着日益重要的作用，教育就日益成为国际政治、经济意识形态斗争的工具。国家加强对学校的控制，致使大学的行政权威强化，等级性、层次性和专门化的限制过严，学校缺少自主权，更因为现代教育自由精神的丧失，学校内部不具备民主，无法推动社会进步及培养人的独立自主和创新精神。目前，我国教育民主化有了相当大的进展。但是，由于入学条件的限制，仍有许多适龄青少年被拦在学校的大门外，无法接受教育。我国高等教育适龄青少年的入学率低于一些发达国家，甚至低于一些发展中国家。从更广的意义来说，我国高等学校向所有希望继续学习、丰富知识或渴望满足文化生活需要的成年人敞开校门还不够。随着社会的发展和进步，高等教育的大门敞开了，大学不再是远离社会的象牙塔，不再是选拔尖子、培养精英的高门槛。因此，从提高整个国民素质和推进民主化进程的高度来看，要广开渠道，为愿意接受高等教育的青少年提供更多的机会。高等教育大众化要求高等学校日益成为面向全民的文化场所和学习场所。

（二）英才教育向大众教育转变的模式

在世界高等教育发展史上，由英才教育向大众教育转变大致有两种模式：

一种是美国模式，主要依靠公立高等教育系统的扩展；另一种是日本模式，主要依靠私立高等教育系统的扩展。

美国的高等教育首先发展起来的是私立大学，但在"赠地学院运动"之后，公立高等教育发展起来。特别是 1945 年后，美国通过"开放入学"来实现高等教育的扩展，即获得高中毕业文凭的学生就可以获得继续上大学的机会。社区学院的发展，使美国高等教育由英才教育发展为大众教育，目前已达到普及化水平。现在，在办学水平上，名列前茅的多为私立高校，而在在校生人数方面，私立高校占比不足 30%。

日本的高等教育起源于帝国大学，原来私立大学的力量较弱，政府长期采取不扶持态度。人们对接受高等教育的要求非常强烈，再加上日本在当时经济高速增长，社会对高校毕业生的需求量增加。在这种形势下，日本的私立高校迅速发展。日本的私立大学在日本高等教育由英才教育发展为大众教育的过程中起到了重要作用，日本学者常把这种做法称为既省力又经济的政策。

（三）高等教育大众化的原则

1. 速度适中

我国高等教育大众化的实现必须经过一个大发展的过程。但加快发展要注意规模适度，防止大起大落。一方面，要主动适应市场经济快速发展对人才的需求，认真做好人才需求预测；另一方面，要考虑高等教育自身的基础和条件，主要是师资条件和办学设施，不能被某些表面现象和短期行为所迷惑，不顾教育规律和学校自身条件，盲目扩大某些专业的招生规模，造成结构性的供过于求，或者是因为办学条件跟不上而降低教学质量，影响社会效益。根据近几十年世界各国的实际情况，一般认为，专门人才拥有量的增长速度应等于或略快于经济增长速度。

2. 以内涵发展为核心

尽管我国各地教育资源有限，但多数学校的原有办学条件尚未被充分利用，人员、空间和设备等教育资源尚未得到合理配置和充分利用，尤其是我国的高校师资还没有充分发挥作用，师生比处于低水平。因此，应充分挖掘现有学校的内部潜力，不建或少建新校，集中力量使现有学校尽量达到合理规模。这样不仅可以节约投资、缩短回报时间，而且可以促进现有学校提高办学效益和教育质量。另外，应通过联合办学的方式，使资源优化配置，在不增加投资的情况下，使学校资源集中共享。这样，不仅可以发挥合并学校各自的优势，提高效益，还可以引导今后的学校建设走向小而全的模式。

3. 建立多元化筹资体系

虽然高校的生均成本会随着招生规模的扩大、办学效益的提高而呈下降趋势，但是目前我国政府的税收还不足以支持大众化的高等教育，应建立以政府投资为主，多渠道筹集资金的多元化筹资体系。除了政府拨款，各社会团体、企业的捐资助学外，个人分摊高等教育成本也成为必然趋势。提高学费在高等教育成本中的比例，吸收社会资金投入教育，可以进一步保证政府教育经费优先用于中小学教育和资助贫困地区和贫困家庭学生上大学。在公立大学中创建民办机制的学院，实行成本收费，有利于充分利用已有的教育资源，让更多人有机会接受高等教育，减少资源的闲置和浪费。同时，实行成本收费也有助于理顺各种经济成分在教育投入中的关系，有助于学生正确理解个人和社会的关系。

4. 发展终身教育

在促进高等教育大众化的过程中，除了数量上的增加外，另一个重要的内容是促进高等教育的多样化，高等教育不再仅仅是指正规的在一定年龄阶段接受的学校教育，还应包括使任何年龄阶段的人在生活中的任何阶段都能接受的各种非正规教育形式，即终身教育。目前，正在进行的高等教育管理体制调整、布局及结构的优化可以提高今后教育投资的效益；大力发展各种高等职业技术教育、远距离教育及各种类型的成人教育，支持发展多种形式的办学模式，在今后若干年内也将发挥重大作用。

三、英才教育与大众教育的关系

英才教育与大众教育，并不是"非此即彼"的关系。高等教育大众化阶段，也包含一定数量的英才教育。二者朝着不同的方向发展，都是"科教兴国"战略必要的组成部分，不能因高等教育的大众化完全否定和忽视英才教育的意义。

（一）英才教育和大众教育并重由其特点决定

大众教育是面向大多数资质一般的学生的。英才教育是面向少数具有极佳天赋和潜质的学生的，目的是让这些更容易成才的人尽早成才，尽可能成为高水平人才。以大多数人的发展需要为出发点的大众教育，难以满足少数高资质学生的发展需要。不可否认，由于人的智力发展的复杂性，大众教育也可能培养出许多"英才"，但大众教育与英才教育的标准是不一样的。如果以大众教育的标准要求少数资质高的学生，无疑会浪费他们的发展潜力，使之趋向平庸。

没有高标准，就不能培养出高水平的人才。大众教育可以提高全民族的素质，也可以培养出一些英才，但仅有大众教育是不够的。

心理学研究也表明，人的智力发展水平是有差异的。大多数人居于中智水平，只有少数人具有极佳的天赋和潜质，人的先天素质在后天的发展中起着基础性、前提性的作用。关于这一点，人们感受最深、最直接的是体育、艺术、文学等，不是每一个人通过适当的体育训练、艺术培养、文学熏陶，就可以成为体育名人、艺术家、文学家的。只有少数先天素质突出，对体育、艺术、文学感悟能力极强的人才有这种才能。如果给每个人都提供同样的教育，那势必会使一部分人的潜质得不到充分挖掘。按照现代教育机会均等而不是均衡的理念，教育机会均等就是为每一个人提供适宜的教育环境以使其潜力被最大限度地挖掘。为高智力的人提供更好的教育是理所当然的，英才教育就是为了更好地为社会培养优秀人才。

（二）英才教育与大众教育并重是世界教育发展的趋势

当今主要国家都是英才教育与大众教育并重的。以高等教育为例，美国的哈佛、斯坦福、普林斯顿等研究型大学，承担着培养各界精英的任务，履行着英才教育的职能。同时，美国又有多所两年制社区学院和专业学院，承担着普及高等教育的任务，履行着大众教育的职能。英国的牛津大学、剑桥大学举世闻名，法国的巴黎大学，日本的东京大学、早稻田大学、京都大学，德国的科隆大学、波鸿大学等也出类拔萃，它们都是各国大学中的佼佼者，培养着各国的精英。同时各国也都有实施大众教育的高校，如英国的多科性技术学院、法国的技术学院、日本的短期大学和高等专门学校、德国的高等专科中校和职业学院。

从精英向大众、普及转变，并不意味着前一阶段的形式和模式必然消失或转变。相反，事实证明，当高等教育作为一个整体逐渐过渡到下一个阶段容纳更多学生，更加多样化时，前一阶段的模式仍保持在一些高校或其他高等教育机构中。在大众化阶段，精英高等教育结构不仅存在而且繁荣，在大众型高校中培养精英的功能仍在继续起作用。在这个时期，古老的"英才型"大学，相较于"大众型"或"普及型"大学而言，其发展速度似乎缓慢，入学人数出现下降趋势。这不过是一种假象，事实上，"英才型"高等学校的发展仍然情况良好，其发展速度超过历史上任何时期。从本质上讲，大众化与普及化的高等教育并不是英才教育的天敌。英才教育过去主要是在大学中实现的，现在大学职能已加强，但是实施英才教育的任务没有改变。以上论述主要说明，高等教育大众化后，英才教育仍然存在，或者更确切地说，英才教育与大众教育是同时施行的。

（三）英才教育和大众教育并重符合我国实际

我国根据教育平等的理念，一直把发展大众教育作为基本方针，但在大多数时间里也都尝试着大众教育与英才教育并举。在中小学教育阶段实行普及与提高相结合的方针，在高中阶段实行重点高中制度，便是在实施大众教育的基础上开展英才教育的尝试。在高等教育阶段，我国正在实现由精英型高等教育向大众型高等教育的转变。在我国高等教育的发展战略中，也体现了英才教育与大众教育的并举。我国的中国科学技术大学等高校试办少年班，是重视英才教育的一个重要举措。前些年启动的"211工程"和"985工程"，都是为了推行英才教育。而目前普通高校扩大招生规模和大力发展高职，都可以视为发展大众教育的措施。无论在英才教育方面还是在大众教育方面，都有不少经验值得总结，也有一些教训需要吸取。中国的社会主义现代化建设，不仅需要学术型的人才，而且需要数以千万计的专业性、职业性的技术、管理、服务型人才。

在人才培养方面，英才教育与大众教育是互补的，二者不可偏废。我国应明确英才教育与大众教育并重的方针。大众教育水平还较低，我国的平均受教育年限也较短。我国的英才教育无论在理论研究还是在制度、内容、方法上都有待提升，大众教育需要从量和质两个方面予以提高。未来的社会离不开高素质的精英，更离不开高素质的大众。我们应既发展英才教育，又发展大众教育；既重视英才教育，也重视大众教育。二者并举、并重，才是在当前所应做出的明智的选择。

第三节　高等教育科学教育与人文教育

一、科学教育与人文教育的关系

科学教育是指通过演示科学方法，教会学生辨认客观事实，发现客观规律，进而形成认识和改造世界的知识结构与能力的教育。科学教育是关于"做事"的教育，是解决"方法论"问题的教育，是追求"真"的教育。

科学教育包括四个方面：科学知识教育、科学思维教育、科学方法教育和科学精神教育。科学知识是生产力发展的源泉，"科学技术是第一生产力"，没有科学知识就没有发明创造，就没有社会前进的推动力；科学思维是正确思维的基础，严密科学的逻辑思维是许多科学家发明创造的保障，没有科学思维方式的科学研究，轻则走弯路，重则走入误区；科学方法是事业成功的前提，是科学知识按科学思维而付诸实践的保障；科学精神是求真的精神，是求实的精神，是科学的精髓。

人文教育是通过熏陶与启悟的方式，使学生的本性、尊严得到最大的实现和发展，促进人的和谐发展的教育。顺性达情，和谐发展，强调天性、个性及人格尊严，是人文教育的核心与精髓。人文教育的实质是一种人性教育，以个体的心性完善为最高目标。它涉及的内容较多，其中最主要的，就是教人树立正确的世界观、人生观，教人如何做人，教人如何妥善处理好各种关系，教人如何不断增强学识、学养。人文教育是关于"做人"的教育，是解决"价值观"问题的教育，是追求"善"的教育。

人文教育也包括四个方面：人文知识教育、人文思维教育、人文方法教育和人文精神教育。人文知识是人文文化的历史沉淀，是人文文化的基础，是人的精神世界升华的源泉，也是一个民族的历史与灵魂。社会的进步与发展不仅由社会生产力的发展决定，也由包括人文知识在内的精神文化组成的社会生产关系决定。人文思维是原创性思维的主要源泉。人文思维属于形象思维，与直觉、灵感密不可分。人文方法是指对人文知识按照人文思维方式进行原创性工作的途径。人文精神是指求善、求美的精神，是人文文化的精髓。

科学教育与人文教育之间的区别恰如自然科学与人文科学之间的区别，内容与目的并不是划分二者的标尺。科学教育与人文教育的区别在于指导思想与方法，对于同一学科内容，当在不同的指导思想下采用不同的方法进行教育时，便是不同的教育。所有教育都既有科学的一面，也有人文的一面，区别只在于科学含量与人文含量的不同。科学教育与人文教育是同一种教育的两个方面，是同一活动过程中的两种不同的价值追求与取向。将教育绝对地区分为科学教育与人文教育只会把二者引入歧途。

由此可见，根本没必要绝对地认定哪种教育是科学教育，哪种教育是人文教育，一种教育既可以是科学教育又可以是人文教育。二者的区别只在于追求不同、着眼点不同。从这一意义上说，科学教育与人文教育的区分与其说在于教育内容与目的，还不如说在于教育思想与方法；科学教育与人文教育与其说是两种教育，还不如说是教育的一体两面。

既然科学教育与人文教育是教育的一体两面，这两面必然有所不同，这种区别在于教育观念与方法，教育教学观念与方法从根本上决定了教育的科学性质与人文性质。

从观念视角来看，教育的科学侧面与人文侧面具有不同的追求。前者追求知识与智能，后者追求感悟与情怀；前者可以由学而会，后者只能由感而悟。教育的科学面与人文面具有不同的国际化特色，前者是全球化和一体化，后者是本土化和民族化，如果将二者混为一谈，便会造成教育国际化的重大失误。科学教育在教学中强调效益与简捷，人文教育在教学中则不避烦琐，寻求曲折；科学教育常将信息量作为评价教学质量的指标，而人文教育则将对内心的冲击力和影响力作为判别质量的标准；前者往往看重解决问题的多少，后者则看重留下深思的余地。

从方法视角来看，科学教育强调学生对知识与技能的掌握，在教学过程中学生以超然的姿态出现，通过教学活动获取知识并改造客观世界；人文教育则强调学生的融入，是知识对学生的浸染与熏陶，学生被知识所感化、影响，从而改变自身。科学教育在教学中"以理服人"，人文教育在教学中"以情感人"。尽管都强调学生的投入，但二者对学生的吸引方法与吸引内容不同，如果说前者以内容的逻辑性、严密性取胜，那么后者则以形式的跳跃性与丰富性见长。实施科学教育是一个内化的过程，是主体对客体的纳入，强调对客观事实的正确把握，重在对知识的理解与吸收；而实施人文教育是一个外化的过程，是主体赋意义于客体，是主观体验的向外表达，只是借助了外在的形式，抒发的是学生自己内在的感情，从这点来说，人文教育强调个人的独特体验，更能包容多样性与不一致性。

在此，是从观念与方法视角对教育的科学面与人文面进行区分，而不是将教育进行人为的分割，也不必将学科知识强行割裂。由此不难发现，通常意义上的科学教育与人文教育都只敞开了教育的一面，而遮蔽了教育的另一面。在实践中，人们往往对科学教育的人文面与人文教育的科学面视而不见，而指望在科学与人文之间实现简单化的融合。当前所谓科学教育与人文教育的融合，其实应该把被遮蔽的一面敞开来，达成两面的兼顾。通过两面兼顾，而不是融合，真正做到既珍视科学知识所具有的美学和道德价值，又关注人文知识所隐含的科学原理和智慧。唯有如此，才能在教育教学实践中实现科学与人文的交相辉映。

一方面，如果没有在教育观念与方法上分清教育的科学面与人文面之间的差别，便极可能导致实践中的失误；另一方面，这种差别并不是绝对的，区别只在于程度的不同，侧重点各异，并不具有相互排斥的性质。在现实中，往往有人打着科学教育与人文教育融合的旗号，行科学教育人文化或人文教育科学化之实,科学教育的人文化或人文教育的科学化都是对科学教育与人文教育的扭曲,而不是真正的融合。曾经在语文教育大讨论中,人们关注的焦点是对文学作品的肢解性分析以及标准化考试,这些正是语文教育科学主义化的具体表现。在科学取得了令世人瞩目的成就之后,多少年来,人们一直在孜孜不倦地寻求人文社会知识的科学化道路,同时也试图确立人文教育的科学化方向。科学主义促使人们用客观、理性的心态认识和理解语文教育,人们的目光不再囿于中国语文教育的传统而是投向世界范围内的母语教育,以求利用国外母语教育理念和操作方式,获得更多的活力。

同时,科学管理、效率观念的引进,把知识最大限度量化并辅之以相应的检测手段。这种思考倾向直接导致了语文教育的"知识中心论",认为语文知识是语文学科中最重要的一部分,可分析性、逻辑性、系统性便转化为语文教育的根本属性。语文教育的科学化,消解了语文教育中本应具有的审美体验性、想象性和人文性。科学教育有科学教育的方法与观念,人文教育有人文教育的特点与要求,二者作为教育的两面是难以相互由此"化"而成彼的。过去是人文教育已被科学化,今天的首要任务应是将已被科学化的人文教育还原为人文教育,这是对过去偏差的一种纠正,并不是将本来是科学的东西人文化。只有还原其本来面目,正其位,才能得其所,并在正确的道路上不断发展。如此看来,不管是"科学教育人文化"还是"人文教育科学化"的提法都有失偏颇,都是一面对另一面的遮蔽。

二、科学教育与人文教育的整合

正确处理科学教育与人文教育的关系,未来的选择应是科学教育与人文教育的整合。所谓整合,通俗而言,就是通过交融形成我中有你、你中有我、浑然一体的关系。因此,科学教育和人文教育的整合,不是二者的简单调和,也不是教育的科学取向与人文取向的二元相加,而是它们在高层次上的结合。这种结合是全方位的,是教育思想、教育价值观与功能观、教育制度和课程编制等方面的根本改变。

(一)科学教育与人文教育整合的必然性

1.人类社会发展的需要

教育的发展无时无刻不受到社会的制约,因此教育必须适应社会的需求并做出相应的变革。当代科学技术高度发达,在为人们带来巨大的物质财富的同时,由于人们对其不合理的利用也产生了诸如环境危机、能源短缺以及价值观念扭曲等一系列社会问题。这些问题的出现，也对高等教育提出了新的要求。而科学教育与人文教育的分离是难以满足需求的，相反将使问题加剧。在这种情况下，唯有加强科学教育与人文教育的整合，重新审视现代社会的价值取向，大力弘扬科学精神与人文精神，才是适应社会现实需求的正确选择。

2. 高等教育发展的需要

随着社会的不断发展，高等教育的形式、内容也在不断地得以完善和发展。社会发展至今，科学教育与人文教育的割裂已严重妨碍了高等教育的发展及其职能的实现。进入 21 世纪，高等教育必须更好地适应社会的政治、经济和文化需求，主动加快改革与发展，努力充当好科技发展的"动力源"、经济增长的"助推器"和社会变革的"智囊团"。因此，高等教育的发展必须走科学教育与人文教育相整合的道路，必须在加强学生科学知识学习的同时培养学生的人文与科学精神，将大学发展为传递科学知识与体现人文关怀的高层次人才培养基地。

3. 创新型人才个体发展的需要

在当前的知识经济时代，科学技术的突飞猛进，学科的高度分化与高度综合，对人们的学习能力与获取信息的能力提出了更高的要求，人的个体的全面发展的需求就显得越来越重要。同时，人们的多元化发展一方面有赖于科学乃至科学教育提供物质财富，另一方面需要人文教育提供人文素养与精神财富。从一定意义上讲，追求人之为人的价值取向是生命意义的真正所在。同时，知识经济所需要的创新人才不仅要有高水平的思维能力，还必须有创造的激情、动力与无私无畏的奉献精神。在当今社会，只具备一种文化素养的"单向度的人"是很难适应社会发展的。因此，科学教育与人文教育的整合，是满足个体发展过程中物质与精神需要的客观要求。

（二）科学教育与人文教育整合的可能性

科学教育与人文教育之所以能够整合，与科学文化和人文文化之间的内在一致性密切相关。任何文化体系都是一种逻辑意义上的整合，蕴含着一套完整的价值系统、生活哲学以及最后实体性质的解释。两种文化内在的一致性主要表现在以下几方面。

1. 出发点与归宿都是人

人生有三大问题：人对物的问题、人对人的问题和人自身的问题。在这三大问题中，科学关注的是人对物的问题，人文关注的是人对人和人自身的问题。

因此，科学和人文从本质上说都源于人生存发展的需要，只是由于人们面临的直接的生活课题不同，才产生了科学和人文这两种不同的文化精神。

2. 共同构成完整的价值体系

人们往往将人文视为一种精神文化，一种价值系统，而将科学视为一种纯粹的知识体系。实际上，人文是在"人"的基础上形成的精神价值系统；而科学则是在"物"的基础上形成的精神价值系统。科学以自己特有的方式——科学语言和科学活动反映人的价值观念，只不过这种反映不像其他文化形式那样直接和明显。从价值追求的本质来看，科学主真，人文主善、美，而真善美是相互渗透的。正如求善和求美离不开求真一样，求真的科学也与人类另外两大最高价值——善与美密切相关。科学从一开始就包含着人类对善和美的追求，科学的宗旨，在于造福人类，实现人在宇宙中的价值；科学表述、科学理论、科学体系，都有一种抽象的和冷峻的美，反映了人类对宇宙的和谐与韵律的深刻把握，科学的这种美是"思想领域最高的神韵"。可见，人们在对科学价值的追求中体现着人文价值的取向，同样，在对人文价值的追求中也包含着科学价值的取向，二者相互渗透，共同构成了完整意义上的人类价值体系。

3. 二者互相作用

二者的互相作用表现在以下两方面。

①科学的发展往往会引起人类思维的革命。科学的每一个新发现和新发明都在改变人类物质世界的同时，改变着人类的精神世界。

②人文对科学具有重要作用。首先，科学研究对象的确立反映着人类的价值倾向。从理论上讲，任何自然现象都可以成为科学研究的对象，但事实上，由于人类主观条件的制约，自然现象进入科学研究领域有先有后，这种先后顺序的确定深受人类价值取向的影响。其次，科学知识、科学理论的获取同样渗透着人文因素的影响。例如，（语言）符号的表达必定带有人的情感色彩，反映人的价值观念。再次，人们将科学理论转化为技术性的成果完全是为了满足人的需要。也就是说，从价值的角度来看，人是科学的出发点，也是科学的归宿。最后，科学离不开人文的指引。科学与人文文化内在的统一性是科学教育和人文教育整合的基础。因为教育要用现有的文化完成对人的塑造，所以，当说明两种文化在诸多方面有内在契合的关系时，也就说明了科学教育和人文教育之间存在整合的可能性。

（三）科学教育与人文教育整合的途径

1. 教育价值观念的变革

无论是科学教育还是人文教育，首先涉及的都是培养什么人的问题。现代社会的发展要求教育不但要授人以"才"，而且要成人以"性"。爱因斯坦曾指出："用专业知识教育人是不够的，通过专业（知识）教育，他可能成为一种有用的机器，但是不能成为一个和谐发展的人。"而要造就"和谐发展的人"，就要改变那种单纯注重传授知识的教育观念，建立一种"通才教育"观。美国教育界针对其国内的教育弊端，提出实施"通才教育"的主张，他们希望通过这种教育而兼顾"专业"与"教养"，使受教育者既掌握专业知识，又通晓人生事理。

在当代，各国为使教育适应未来发展的需要，都在更新教育价值观念，这种观念的实质是注重科学素质和人文素质的统一。例如，日本提出，面向21世纪的教育目标应该是广阔的胸怀、健康的身体、丰富的创造力以及自由、自律和公共的精神。这种教育目标无疑体现了科学教育和人文教育整合的要求。教育因对社会的被动适应而失去了自身的独立性，沦为单纯的技能培训工具。20世纪90年代以来，大力提倡的素质教育正是为了消除以往教育的种种弊端，而使中国的教育实现科学教育与人文教育的有机结合，以培养全面发展的人。总之，教育价值观念的变革是科学教育与人文教育整合的关键。

2. 课程改革

两大教育的整合是通过改变原有的教育内容及方式来实现的，而教育内容及方式的改变主要是通过课程改革来实现的。这种课程改革应注意以下两点：首先，教育内容要全面，科学与人文二者不可偏废；其次，"教育内容全面"并非两大类内容的简单叠加，也不是科目越多越好，而是两大教育内容的整合，这种整合要通过教育方式和方法的更新，乃至教育体制的改革来实现。

20世纪80年代以来，一些国家力图通过课程改革来实现科学与人文两大教育内容的融合，具体做法如下。

①兼顾科学课程和人文课程，开设综合性课程。在美国，除开设学术性课程外，还开设了社会性的课程、"隐性课程"、自我觉醒与自我发展的课程等。

②开设活动课程，这是以生活中需要解决的问题为起点，以解决问题为基本过程，以经验整合的改组和改造为目的的一类课程。这类课程能教学生用不同的探索模式认识现象，获取知识。

③大量开设选修课。

④重视"隐性课程"。在这方面，各国采取的措施主要包括：创设良好的校园硬环境，使校园公园化；建设优美的校园软环境，使校园活动化；建立和谐的人际关系，使校园人性化。

3.教育者知识结构的完善和思维方式的变革

一方面，教师要完善自身的知识结构。教师不能只熟悉自己所教的学科，还要通过学习，不断拓宽自己的知识面。教师应具备对知识进行整合的能力，尤其要精研文化社会学、教育哲学、现代教学理论等；另一方面，教师要以批判的精神变革已有的思维方式，改变自身那些狭隘的、分裂式的思维方法，建立统整的思维模式。这种思维模式能够使教师看问题和处理事情更全面；同时，教师的这种思维模式也会对学生产生积极的、潜移默化的影响，帮助学生在现实生活中既会思考"事实存在"（科学的思维方式），也会思考"人的存在"（人文的思维方式）。

（四）科学教育与人文教育整合文化场的构建

构建科学教育与人文教育整合的校园文化场，可使大学生被丰富的科学信息与人文信息所包围，接受持久、广泛而深刻的熏陶，主要可从以下两方面入手。

1.实行创新教育

改革传统教学方法，进行开放式和讨论式的课堂教学实验，用创新思维指导教学。注重学生思维方法的实际训练，开发学生的创造潜能。鼓励学生树立人人都有创造力、人人都是创新之人的思想观念。组建创新思维训练小组，开展大学生创意讨论会，用让学生上讲台的形式，开发学生的创新思维。

2.创建校园文化

在发挥传统校园文化活动优势的基础上，以结合专业特点的科技、学术活动为重点，以集思想性、艺术性、娱乐性于一体的校、院两级品牌活动和校园广场文化活动为依托，着重体现时代特征和学校特色，努力营造健康、高雅、和谐的文化氛围和良好的育人环境。具体而言，可以做的工作包括：全面实施"大学生素质拓展计划"，办好大学生科技文化艺术节、大学生"挑战杯"竞赛、大学生讲坛、大学生艺术团、大学生体育节，大力开展学术、科技、体育、艺术等丰富多彩的校园文化活动，坚持普及与提高相结合，争取让每个学生都有展示的机会和舞台，促进大学生素质的全面提高，在此基础上形成具有本校特色的高水平的校园文化。另外，还应加强校园人文景观和自然环境建设，创建一个整洁、优美、富有思想文化底蕴的校园。

第四节　高等教育主体——教师与学生

一、高等学校教师的素质要求与角色规定

（一）高等学校教师的素质要求

高等学校教师职业劳动的内容和要求，规定其必须具备一定的基本素质。高等学校教师的基本素质包括文化素质、心理素质和道德素质三个方面。由于不同的民族、国家和时代具有不同的文化背景，所以，对教师素质的这三个方面，在普遍的共同点的前提下，有着不同的要求，时代性和民族性的特点非常明显。

1. 文化素质

高等学校教师的文化素质，是指高等学校教师在从事教书育人工作和科学研究活动中所具备的科学文化知识的深度和广度，即所应具备的知识结构。所谓知识结构，是指个体所掌握的各种具有内在联系的知识的总体状况。它主要包括以下三个层次。

（1）专业知识

高等学校的教师一般都承担着某一学科或某一专业领域知识的教学或科研工作，因此，掌握自己所从事学科专业的广泛的基础理论和丰富的专业知识，是对一名高校教师的基本要求。教师的专业知识是其知识结构的主要骨架。教师必须在全面、系统地掌握本学科专业理论的前提下，根据科技发展趋势和社会建设要求，不断积累本学科知识，将最新科技成就引入教学之中。

实践表明，基础理论丰富、专业知识扎实的教师不仅适应能力强，善于解决教学、科研中出现的新问题，有助于自身的提高和发展，尤为重要的是，他们还善于开拓、发展学术思想，使自己的专业素质产生质的飞跃。而且，在当代知识总量急剧增长、知识更新周期不断缩短的情况下，基础理论知识具有相对稳定性，作为主构架的专业知识增长更快。因此，对高等学校的教师来说，掌握专业知识也是至关重要的。

（2）科学基础

科学基础主要包括两方面的内容：第一，哲学功底，指具有思辨性方法、哲理性思维、智慧性头脑；第二，人文底蕴和科学素养，使教师形成完善的人

格及对社会的终极关怀。这是专业知识和专业能力发展的基础。

教师在拥有专业知识和把握本学科的发展趋势及最新成就的能力的前提下，还应拥有与自己专业有密切联系的相关科学基础，从而使其文化修养更扎实、更系统、更完整、更高深，这也就是通常所讲的渊博。

（3）教育智慧

教育智慧是教育科学理论知识和教育实践艺术在教师身上的综合体现。它是教师不同于一般职业而又高于其他职业的素质要求，体现了教师文化素质的特殊性。教育科学理论知识是高等学校教师文化素养的重要组成部分，它主要包括教育学原理、课程与教学理论、高等教育学、教育心理学、教育研究方法论等内容。在教学科研实践中，将这些理论知识作为指导，可以使教育活动不止停留、徘徊在过去的经验基础上，而使教师的工作在遵循教育规律的有效之途中不断推进。

2. 心理素质

心理素质是指高等学校教师为了适应教育、教学、科学研究等工作而必须具备的，并在长期的工作实践中形成的心理品质。它是教师工作成功的重要保障，并会对学生的身心发展产生重大影响，这里主要探讨的是高等学校教师应具备的非智力因素的心理品质。

（1）情感品质

道德政治感、美感和理智感，在教师的情感品质中占主导地位。这些情感品质与高等学校教师的世界观、道德信念、观点、知识等有着非常密切的联系。它们广泛地表现于高等学校教师的教育实践活动之中，并对实现教育教学目标、形成大学生积极的个性品质、建立良好的师生关系等具有重要作用。

（2）意志品质

在教师的意志品质中，可以表现出教师个人的积极性、自我调节能力、有意识地调动精力和控制自己行动的能力。这种意志品质，既是保证教师高效率地、顺利地进行教学科研工作的心理前提之一，又是学生应学习的品质。

（3）个性品质

个性品质主要包括兴趣和性格。兴趣是指注意与探究某种事物或从事某种活动的积极态度与倾向，性格是种种相对稳定的心理特点的总和，它影响着行为的各个方面。高等学校教师的兴趣特征，表现为对教学与科研有稳定的兴趣和对学识有广博的兴趣。其性格特征，主要表现在对周围现实以及对自己的态度方面。良好的兴趣与性格，有助于形成高等学校教师良好的知识结构、情感和意志品质，以保证其工作与学习的高质量和高水平。

3.道德素质

教师的道德素质，即师德，是重要且亟待提高的素质。因为高等学校的教师所面对的是正在成长的青年学生，其一言一行都会对学生产生潜移默化的熏陶作用。要做到教书育人以及"言必信，行必果"，既开启大学生的心智，又培植他们的心灵，就要求高等学校的教师不仅要有渊博的学识和较强的能力，还应具备崇高的师德。其基本内容主要包括以下几方面。

（1）热爱学生

热爱学生是指真诚地爱学生，向学生毫无保留地倾注自己的学识和心血，一心期望学生成为教育目标所规定的合格人才，并协助他们实现自身的全面发展。所以说，热爱学生也意味着热爱教育事业，具有不惜"燃烧"自己的"蜡烛精神"和甘为"人梯"的奉献精神。热爱学生是从教师热爱教育事业、乐于为大学生奉献和崇高的敬业精神中体现出来的。

热爱学生要求教师不仅要帮助学生实现他们的个人价值，还要实现社会价值。这不只包含情感的因素，同时也包含理智的因素，因此，热爱的另一种形式是严教，即对学生严格要求。因材施教、诲人不倦、教书育人、循循善诱等千百年来形成的教师风范，都是教师热爱学生的具体表现，也是教师对待学生的行为准则。

（2）为人师表

为人师表是教师职业的根本特点。《礼记》云："师者也，教之以事而喻诸德也。"由于教师处于全部教育过程的最前沿，而学生的心理特点又是"模仿"与"思齐"，所以教师的一言一行都会在学生心中产生影响，并会给学生留下深刻的印象。这就要求教师时刻严格要求自己，不仅要指导学生掌握科学文化知识，影响、引导学生的心理与道德面貌，使他们健康成长，而且在人格方面更应该成为学生的表率，做学生的楷模。教师的学识造诣越深，人格越高尚，对学生就会产生越大的影响。自身正之，方能正人。教师要做到身正、业精、不惑，方能以身作则，对教书育人起到保证作用。

（3）学而不厌

学而不厌在科学技术日新月异、新知识层出不穷的当今社会尤为必要。它是教学和教育工作本身对教师的要求，也是教师不可缺少的美德。要适应不断发展、提高的教学工作要求，教师就要不断钻研业务，努力进取，精益求精，掌握教学规律，提高教学水平，积极投入教改，参与实践，诲人不倦。勤奋好学的教师不断学习新知识，关注专业方面的学术动态与信息，注意收集与积累专业方面的资料，为了发展自身，有所造诣，在教学的同时，不断提高学术水平。同时，勤奋好学的教师会对学生产生很强的熏陶力。特别是高等学校的教师，他们在传授知识的同时还在创造知识，而且所面对的又是朝气蓬勃、求知欲强、善于探索的青年学生，因此更应该做到终身学而不厌。

（4）团结协作

在高等学校，无论是培养人才还是进行科学研究，都要依靠广大教师的共同努力才能完成。因此，高等学校教师团结协作，形成合力十分重要。在教学方面，教师应互相尊重、互相配合、互相学习，以取长补短，共同提高。在科学研究方面，现代科技的发明创造，往往需要的是多种学科的协作，仅仅依靠个体的力量，许多课题都无法完成。而且，高等学校的教学科研工作都是系统工程，需要各个环节的密切配合。可见，要圆满完成高等教育的任务，高等学校教师必须具备团结协作精神。

（二）高等学校教师的角色规定

"角色"一词源于戏剧。之后，角色的概念被广泛运用于社会学与心理学的研究中。生活在错综复杂的社会关系中的教师，拥有多种社会身份，扮演着不同的社会角色。教师的角色有三种界定：①教师角色即教师行为；②教师角色即教师的社会地位；③教师角色即对教师的期望。在这里，教师角色所指的主要是教师的行为和对教师的期望。高等学校的教师在教育教学中具有多种职责和行为。其职责主要体现为教师在教育教学活动中所扮演的角色的特征。教师的角色特征体现了教师的职业特征，以及此角色与社会生活的多方面、多层次的联系。

1. 学生学习知识的导师

教师的首要角色是"教书育人"的角色。教书，就是把人类历史长期积淀的文化精华传授给学生，以完成对学生的知识传授和能力培养；育人，就是注重学生在教学活动中的道德生活和人格养成，从而使教育教学过程成为学生道德提升和人格养成的过程。总之，高等学校教师在促进学生掌握文化知识的同时，也要注重对学生的生命存在、德行灵魂及其发展的整体关怀。

2. 学生热爱学习和终身发展的楷模

教师以其丰富的知识指导着学生的发展，教师的个人范例对大学生来说，是任何东西都不可能代替的。在人类知识总量呈几何级数增长的今天，高等学校教师若要培养出符合时代发展需求的合格人才，以促进人类社会不断向前发展，就不可能也不能停止对知识的不断追求与学习。唯有学而不厌的教师才能教出学而不厌的学生。他们这种热爱学习和终身学习的态度和表现，会对大学生的发展产生影响，堪为大学生热爱学习和终身发展的楷模。

3. 文化创新与生产力发展的推动者

人类在长期的社会实践活动中，创造了灿烂的文化，积累了大量的精神财富。广大后来者只有在继承前人的优秀文化成果的基础上，才能避免事事重新实践。一切从头做起，人类只会有停留在最原始时代的命运。而要实现这种文化传承，就必须依靠专门从事教育活动的教师来完成。教师通过劳动，把人类社会积淀的文化精华与间接经验，用最快的速度和最有效的方法传授给新一代，使他们在较短时间内适应现实社会的实践活动，继续发展社会生产力，取得发展人类文化和社会生产力的最佳途径和最大效果。因此，教师是联系"过去"与"未来"的一个有生命的"现实中介"，是人类文化创新和社会生产力发展的关键，起着继往开来、承前启后的作用。尤其是高等学校的教师，他们走在各自学科领域的最前沿，代表着各自学科发展的水平和方向，因此，更不负"人类文化创新和社会生产力发展的推动者"的称号。

二、大学生主体性发展的阶段性特征

在培养大学生的主体性时，掌握它的阶段性非常重要。因为不同阶段的大学生主体性发展的程度是不一样的。只有认真地选择适合不同阶段的大学生主体所能理解和接受的教育内容和方法，才能有效地发展他们的主体性。因为主体现实的本质力量对外部世界的有效掌握达到怎样的程度，外部世界的事物和现象就能在这个有效的范围内和程度上成为对主体有意义的现实客体。

主体性发展的前提和基础是生理和心理的逐渐成熟。在高等教育阶段，大学生的生理和心理品质发展渐趋成熟。高等学校大学生主体性的发展，根据其生理和心理品质发展的成熟程度，大致可分为特征相对有别的三个阶段：低年级、中年级和高年级。

（一）低年级阶段：以"接受性学习"为主

低年级的大学生刚刚步入高等学校的大门，他们以"天之骄子"的姿态和"必将成才"的愿望进入这个全新的世界，在面临生活、学习、思想方面的一系列问题时，难免出现既自豪又失落、既新鲜又恋旧、既轻松又紧张、既奋发又茫然等相互交织的心理矛盾，心理和思想将发生急剧变化。此阶段的大学生，无论在个体身心发展方面还是在外部环境变化方面，都经历着其自身从中等学校到高等学校的一个重大转折。

从个体身心发展的角度来看，他们处于青年初期向青年中期的转变时期，其人生观、世界观、价值观处于初步形成和变化发展的重要时期，思想感情、道德观念、意志品质也在不断发展变化之中。

从外部环境变化方面来看，学生在中学阶段较多地受到教师、家长等各方面的关注和爱护，学习生活以他人设计为特征，相较于高等学校比较封闭，从而也形成了学生发展上的片面性和学习生活环境的孤立性。而步入高等学校以后，其学习生活完全以自我设计为特征，大学生要开始学会如何面对竞争、克服困难，需要做出独立的判断和努力。

大学生在低年级阶段的学习以接受性学习为主，接受是一个聚合的过程，有目的、有计划、系统地接受人类长期历史所创造、所积累的文化遗产的精华，并使之内化为个体自身发展所必需的一切知识、能力、态度和人格特征，这是大学生主体性发展的起点和条件。掌握科学文化知识和塑造完美人格，是这一时期的主导活动。所以，低年级阶段主要发展的是大学生的认知主体性、道德主体性和审美主体性。

（二）中年级阶段："接受性学习"向"发展性学习"转变

中年级的大学生处于青年中期，其身心发展正趋于成熟。这一时期的大学生已完成了从基础教育到高等教育的思想感情、学习方法、生活习惯等的转变，已适应了高等教育阶段弹性较大的学习生活环境，适应了强调发挥个体主体性的学术环境。这一时期的大学生多数产生了顺应感、竞争感和自信感。在各个方面，中年级的大学生已能做出独立的判断和选择。

中年级的大学生，其学习又经历着从接受性学习向发展性学习的转变。因为接受知识的目的不在于让学生复制这些知识，而在于将这些知识转化为学生的行为、内在精神和素质，通过对知识的思考和运用，学生变得更自由，实现着从潜在的、可能的主体向显在的、现实的主体的转变，同时完成个体主体性的发展。大学生接受知识，只是认识而非实践，只有其用内化了的知识去发现问题、解决问题，才是发现性学习，才是实践。因此，中年级的大学生主要发展的是道德主体性和实践主体性。

（三）高年级阶段：以"发展性学习"为主

高年级的大学生的身心发展已趋于定型和完善，人生观、世界观、价值观、思想感情、道德观念、意志品质等基本定型。大学生学习的自主性、能动性、创造性和超越性大大提高，具备了从事独立学习、独立承担学习任务的素质和独立自主进行学习、思考的个性心理品质。反映在教学实践中，就是教师教的时间相对减少，而学生独立学习和思考的时间逐渐增多。大学生通过自主学习获得知识，并运用所学知识能动地分析问题，进行道德价值的判断与选择，进而创造性地解决人生与实践问题。

高年级大学生的主体性地位非常突出，其主体性已有相当发展。他们在此阶段的学习以发展性学习为主。发展是一个耗散的过程，耗散是在聚合前提下的学生主体性发展的延续，是学生内部能量向外主动转换的过程，实现的是学生的知识、能力被活化、被重组、被验证的输出。发展性学习是突出超越人类已有文化的学习，其实质是学生自主性、能动性、积极性、创造性的发挥，大学生成为从事实践活动的主体。因此，高年级大学生主要发展的是实践主体性。

总之，在高等教育阶段，大学生的生理心理水平、思维能力、独立性和批判性都有了高度发展。大学生能自觉地把自己当作自己的对象，当作自身教育的客体，这是大学生在教育过程中的主体地位的表现，也是其主体性得以高度发展的体现。而且从低年级、中年级到高年级，大学生在这三个阶段的生理心理发展具有不同的特征，表现出明显的区别性、阶段性和转折性，这就从根本上决定了大学生从接受性学习到发展性学习的阶段性，以及与此相对应的主体性发展的阶段性特征。同时，大学生主体性发展的阶段性特征，启示人们在认真把握普遍特征之时，还要适应性地针对不同个体选择和运用发展主体性的策略。

三、高等学校教师与学生的关系

师生关系是教师与学生在各项活动中，通过师生互动而形成并影响师生交往的一种特殊的人际关系。师生关系在教学活动与教学效果之间起着一种潜在的"中介"作用。良好的师生关系是推动教育水平不断提高的重要因素。良好的教学效果要通过师生间良好的人际沟通才能达到。高等学校中的师生关系，贯穿于整个高等教育过程，体现在大学生活动的各个方面，反映了教育过程的本质。

（一）教师与学生在教育过程中的关系理论

对教育过程的本质问题的不同认识，反映了不同教育观的根本差异。教育过程的本质是教师与学生以课程为背景的交往过程，一个教师与学生平等地对话、交流的过程。

1. "教师中心论"与"学生中心论"

教师和学生在教育过程中各处于什么样的地位，教师的教和学生的学是什么样的关系，这一近代和现代教育史上争论激烈的问题，曾经主要有两种截然不同的观点：一是"教师中心论"，二是"学生中心论"。

以赫尔巴特为代表人物的"教师中心论"，重视环境和教育对学生发展的决定性影响，将环境变化与行为变化之间的关系视为一种函数关系，强调教师在教育过程中的绝对支配地位，从而强调学生是教育的对象而无视其主体地位。它的哲学基础是机械唯物论，心理学基础为行为主义。

而以卢梭、杜威等人为代表人物的"学生中心论"，是在批判传统教育理论的过程中，针对"教师中心论"而提出的。它主张以儿童身心发展规律为基础，学生在教育、教学中处于支配地位，起决定作用。认为学生的发展是一种主动过程，教师的作用只在于激发学生的学习兴趣，以满足学生的需要，而不是直接干预学生的学习。它的哲学基础是内因论，心理学基础倾向于人本主义。

以上观点，从主客体的角度来看，"教师中心论"与"学生中心论"分别对应的是"教师唯一主体论"与"学生唯一主体论"。前者把教师视为教育过程的主体，学生则是客体；后者把学生视为教育过程的主体，教师是客体。这两种观点，在实践上越来越成为影响教育质量的重要因素，在理论分析上也各存偏颇。究其原因，是它们不能用辩证的观点来看待教师与学生在教育过程中的地位，对教育过程中教师与学生关系的认识采取了二元对立的思维方式。它们都否认教育过程中教师与学生平等的交往关系，把教育视为一种控制和强加过程。

目前，这两种极端观点已不多见。教育是人之自我建构的认识活动与实践活动，教育过程主要是学生主体的自我建构过程。如果教师是教育过程的主体，那么，教育过程便是教师的实践活动过程，教育也就成为教师而非学生的发展过程，于是就有了"主导－主体论"对其进行修正。

2. "主导－主体论"与"双主体论"

"主导－主体论"，即教育过程中教师是主导，学生是主体，这成为我国教育理论和实践中流行的一种观点。这种观点明确地承认了学生在教育过程中的主体地位，显然，与"教师中心论"和"学生中心论"相比有重大进步。但是，"主导－主体论"虽然强调学生不是客体，但是仍固守着"教育是教育者有目的、有计划、有组织地对受教育者施加影响，以培养一定社会所需要的人的活动"这一传统观点。教育者实际上仍然居于教育过程的主体地位，不同之处是，教育者不再把受教育者当作"物"，而是当作"人"来看待。学生是被教师当作主体来看待的，其主体地位是教师赋予的，是"虚拟"存在的，学生的主体性是要教师来培养的。所以，这种观点难脱自相矛盾之嫌。在确立教师在教育过程中的主导地位并发挥主导作用的时候，学生的这个"主体"地位是被教师主导的，因此，学生的主体地位难以真正体现。

"教师主导，学生主体"在教育过程的主客体关系中地位不清。所以，试图调和"教师中心论"与"学生中心论"的"主导－主体论"，并未真正超越前者。当教师的教与学生的学是以课程为背景的平等、民主的交往过程时，教师和学生就是交互为主体地参与教育过程，二者是"主体—主体"，也就是"双主体"的关系，于是就有了"双主体"之说的出现。

主客体是哲学中的一对范畴。主体是指有意识、有主观能动性的人，人只有从事认识和实践活动时才能成为主体。客体永远作为主体的对象而存在，客体是存在于主体以外，作为主体——人的活动的一切对象的东西，客体是包括人自身在内的人所生活的世界的总体。这说明人作为主体，还在于人在从事着改造自我、塑造自我、建构自我、发展自我的实践活动。抽象地说人是主体，没有任何意义，人只有在自我意识支配下的有目的的认识和实践活动中才是主体。反之，人不是主体，而且主体和客体是相互规定、相互转化的，在一定条件（关系）下的主体，在另一种条件（关系）下又可以是客体。作为主体的人，往往一生兼两任：既是主体又是客体。换言之，主客体及其相互关系是由不同的实践活动在不同的实践过程中表现出来的。在教育实践中，教师和学生都符合主体的界定和特性，所以，在同一实践活动中就只有或构成了与客体相对应的同一个完整的教育主体。

3. 教育主体的"一体两面"论

教育是教师教与学生学的两面的统一。在这一过程中，缺少教师与学生哪一方，都不能称其为教育。没有教师，教育成了自学；没有学生，教育无的放矢。实际上，双方在教育教学过程中，无时无刻不在从事主体性活动，产生主体性作用，这种主体性活动和作用体现了"主体间性"或"互主体性模式"。主体间性是在某一主体内部发生的主体间的相互影响、相互作用，它赋予主体"两面"结构以显著的特点；在教育活动中，主体之一面均是另一面的反映、认识、转移和升华。如果说教育是一种特殊的认识活动，那么，教与学就是这种活动的两端，呈现出"一体两面"的性质，具有两面间作用的主客性、直接性、交互性和情感性等特点。其他任何客体都是被认识和改造的对象，是不能产生这种特性的。因此，在教育活动中，教育主体只有一个，这就是不断满足需要与产生需要的教师与学生的合二为一，是教师与学生在相互关联中的合作与协同。教育过程是教师教与学生学的两面的统一，观念交流、思维互动与人格养成是这种统一的实质。

教育是教师与学生共同参与的双边性活动。教育是教和学的辩证统一，教师的"教"和学生的"学"有共同的目标，一同构成教育活动的两个活动要素。"教"是"学"的先导，"学"是"教"的延伸，二者统一于教育过程，其本质是相同的，既不能撇开"学"论"教"，也不能离开"教"谈"学"。

因此，"教"和"学"是一个过程的两个侧面，但不是两个过程。学生的"学"是教育的出发点和目的，学生又是具有主观能动性的人，所以，学生是整个教育活动中的主体之一面。但是，在强调学生的主体地位的同时，不应否认教师的主体地位。教师是教育实践的实施者之一，永远处在教育实践活动的主体地位。人们没必要为了突出学生的主体地位而否认教师是教育过程的主体。在教育中，教师和学生都是教育活动的行为者，二者共同构成主体，亦可谓"协同主体"或"关联主体"，二者都是不可缺少的一部分。

教师与学生主体作用的发挥应该是相互依赖、相互渗透的，只是发挥的量不同而已，根本没有质的区分，不可能划分出明确的界限。在教育过程的这一阶段教师是主体，在另一阶段学生是主体，某一瞬间又是两个主体的转换。因此，在教育过程中，教师和学生共同构成了教育的完整主体，既有教的一面，也有学的一面。"一体两面"构成了教育过程中的唯一主体，他们协同地认识和改造着满足其需要的客体。

（二）提高教育质量的前提是调动"一体两面"的积极性

质量一般是指人们对某一事物质地优劣或某一现象（活动）成效好坏的衡量与评价。教育质量问题关乎一个民族、国家的兴盛与繁荣，与成效和发展息息相关。在各种各样的质量问题中，教育质量问题尤为重要。因为社会生产和社会生活的主体是人，培养高级人才是高等教育的功能之一，而综合国力的竞争，归根到底是人才的竞争，是教育质量的竞争。教育质量的高低，直接关系到一个民族、国家的现实发展活力和未来发展潜力。

教育质量就是对教育水平高低和效果优劣的评价，包括教育工作质量和学生发展质量两方面的内容。教育工作质量以教师的教学水平质量为核心，学生发展质量则指学生主体性发展的实际状态所达到特定的规格的程度。其中，学生发展质量是教育质量的具体体现，其重要内容就是学生的全面发展水平，学会在其未来的社会生活中，正确而又全面地处理与自然、社会、他人、自我的关系，而这每一对关系都是一种主客体关系。因此，学生发展质量的内核、实质是学生主体性的提高程度。因为只有具备强烈主体性的人，而不是以自我为中心的人，才能认识自然、社会、他人和自我，才能在此认识基础上做到相互协作、协调发展。所以，人的主体性在很大程度上意味着人的发展质量；缺少人的主体性的提高，人的发展质量就会流于空想。而要提高学生的主体性，提高学生发展质量，即提高教育质量，前提就是要在教育过程中调动教师与学生协同主体"双面"的积极性。因为人的发展不是一个外塑的结果，而是一个在认识、实践中的主动建构的过程。

1. 调动教师的积极性

调动高等学校教师主体的积极性非常关键。因为高等学校的教师不仅代表着国家科学技术和文化发展的水平，而且是为社会培养高级专门人才的设计师、开拓者和把舵人。只有调动了教师主体的积极性，才能树立起教师不断提高其专业价值、人格价值、伦理价值等的发展的观点，保证他们的学术研究不断接近本学科的最前沿，并以一流的水平进行教学，促进教育质量可持续提高。高等学校的教师作为教学活动中的"教的主体"，其积极性的发挥体现在以下几方面。

首先，教师主体的积极性的发挥不仅能最大限度地提高教师的教学水平，而且直接影响着大学生的发展质量。教师引导大学生积极地参与教学活动，充分发挥大学生"学的主体"的作用，以促使他们的智力因素和非智力因素均能获得正常的、健康的和谐发展，使每一个大学生都能较好地完成三个转化：在知识上从"少知"到"多知"的转化，在能力上从"学会"到"会学"的转化，在态度上从"要我学"到"我要学"的转化。

其次，教师主体的积极性的发挥还表现在对大学生的指导与激励方面。学习过程作为学生与文化的相互作用的双向建构过程，使学生通过自身的实践活动和对文化的内化，实现着自身主体性的不断提高。但是，由于大学生的身心发展尚未完全成熟，其对文化的领悟、理解能力以及对教学活动的实践能力都存在一定的局限性，学生与文化的双向作用受到限制。这就需要"闻道"在先、"术业"专攻的教师对"文化"进行选择、加工与激活，以期与学生的发展能力相适应，并在教学过程中多使用激励手段，通过给大学生适当的激励而调动他们的主观能动性，调动他们的学习积极性，使大学生朝着教育所期待的目标自主发展。

教师的个性自由体现着学生的个性自由，教师的完美人格塑造着学生的完美人格，教师的治学风范影响着学生的学习态度。苏霍姆林斯基说过，能力、才干的问题，没有教师的个性对学生个性的直接影响，是不可能实际解决的。有了"教的主体"积极进取、不断完善、实现其素质的不断提高，并实施对学生的积极指导与激励，"学的主体"的主体活动就可活跃而有效地开展。大学生学习的内在动力得以激发，他们会自愿、主动地进行学习。教、学双方进行能动的、有意义的创造性活动，教学效率才能有效提高。

总之，"教的一面的主体"教师主体积极性的调动，不仅影响着教师的主体性的发挥与发展，影响着教师的教学水平，还直接影响着大学生的发展质量，对提高大学生的主体性具有重要作用。因为，一个人的发展取决于他直接和间接进行交往的其他一切人的发展。教师作为教学活动中的"教的一面的主体"，要促使自身不断发展与健全，如此才能促使学生的主体性得以不断提高。有了师生主体性的共同发展，才能实现"教学相长"。

2. 调动学生的积极性

学生主体自己的实践活动才是教育实践活动的本质。在教学活动中，学习的主体是学生，学生是知识的真正建构者，是教学活动中最活跃和最积极的要素。从系统论的观点来看，学生知识的掌握、能力的培养都离不开调动学习的主体，即学生的积极性，因为实现学生自身的智力活动的主动内化，必须依靠学习者的"自由意志"，这是任何其他因素都无法替代的一种特殊的认识活动。

此外，经过教师选择、加工与激活的文化——课程，不是以教师的单方意愿或代表社会意志就可促进学生主体性的发展的，唯有当学生成为自我活动的主体，即唯有当学生积极地钻研学习内容，独立思考，展开活动时，真正的学习过程才能形成，文化才能经过学生的内化而实现学生主体性的提高。学生作为教育实践活动和教育过程的主体，其主体性是在其自主地、能动地、创造性地发展自我的过程中形成的。唯有学生积极学习、独立思考并开展活动时，即唯有学生成为自我活动的主体时，真正的学习过程才能形成，从而学生才能掌握教育的实质。

所以，在教育活动中，只有把学生作为实践活动的发起者，激发与调动学生主体的主观能动性和学习积极性，即激发学生的学习兴趣，增强学生学习的主动性，使其发挥到最佳程度，实现学生从"要我学"到"我要学"的转变，变不学为学、苦学为乐学、学会为会学等，才能实现学生主体性的积极发挥。只有调动学生主体的积极性，学生发展质量——教育质量的具体体现，才能得以真正提高。

认识教师和学生是教育过程主体的"一体两面"——教师为"教的一面"和学生为"学的一面"，具有重要意义，确立"一体两面"的教育主体观更是新时期提高教育质量的需要。教育是一项教师与学生相依相存的活动，在这个活动中，教师积极性的调动和学生积极性的发挥是两个同样重要的方面，不能有所偏废，否则，就会影响教育质量的提升。"一体两面"整合了教育活动中的教与学两个方面，关注教育主体两面间的关系结构，把"教与学"矛盾的对立转化为师生主体两面的统一体，使教育活动的主体能充分地体现出稳定、和谐与协同的特征。调动"一体两面"的积极性，创设"一体两面"协调的基本途径，能够使教育活动在两面统一的优化互动与良性循环中，确保教师与学生积极性的双向激励，最终提高教育质量，实现教育目标。

（三）高等学校良好师生关系的构建

高等学校的师生关系，应是教育主体两面——教师与学生，在自由、平等、宽容、激励等前提下的主体间的互动关系，在由这种师生关系所创设的民主、平等、宽容的心理氛围中，师生共同研究、探讨问题，教学相长，以提高教育质量、发展人的主体性为最终目标。

1. 民主与平等

教师和学生都是拥有完整生命的不同个体，每个人的个性都需得到张扬，每个人的人格都应得到尊重。民主是建立在人格平等基础上的师生交往，是一种人与人之间的平等的对话、交流过程，不应把教师与学生在知识、能力、水平上的差异视为二者在主体人格上的不平等。

教师作为教育活动中"教的主体"，要以人格平等的态度对待"学的主体"，以正确处理好"主体两面"的关系。教师要注重民主教育，在教育过程中坚持从学生的实际出发，允许和鼓励学生充分表达自己的不同见解，以创设良好的教育心理氛围。在此前提下，教师应通过启发、引导、鼓励，激发学生因需要而产生的内驱动力，使学生自己渴望学习，并充分尊重学生主动学习的权利，保护他们的兴趣，目的是让个体不同的潜质得以开发，使学生形成完整的人格，促进学生自我实现和个性的自由发展。教师是教的主体，学生是学的主体，二者作为教育过程的不同方面相互影响、相互作用、相互渗透，是主体间在民主基础上的统一、在平等基础上的交融。

教师作为教育主体的一面，要摒弃师道尊严的观念，建立平等的师生关系，与学生共同研究、共同探索。如此，不只学生得到了发展，教师也提升了素质，真正做到"教""学"相长，这是教育的最高境界。

2. 交流与理解

交流是教育的必要前提。一般情况下，所有的系统都存在三个普遍要素：合作的意愿、共同的目标和沟通。在组织系统中，人是依靠其观念、行动、行为模式等组织起来的，个人的协作意愿是不可缺少的，但还必须有一个协作的目的或目标。要想了解愿望和目标实现的情况，就需要通过书面、口头或其他形式的信息沟通。沟通是实现目标的手段。在教育系统中，愿望和目标都是很明确的，因此，教育主体两面之间更需要协作、沟通与交流。校长和教师、教师与教师、教师与学生等，都需要坦诚交流和人际互动。这种沟通与交流是全面的互动，不仅局限于学习，还包括生活与工作的各个方面。

双向交流是理解的基础。交流的双方有着不同的生活经历、成熟程度、认识水平和品德修养，他们的思想、知识、心理也有年龄、性格、性别等的差异。如果总是以"自我"的心理位置为中心，向学生提出要求或灌输思想，习惯于单向交流，不管对方的心理反馈或要求，那么必然会阻碍交流双方思想的碰撞和情感的传递，难以达到好的教育效果。交流双方需要尊重彼此的需要、兴趣、爱好和人性，能够在缩短双方因心理年龄与生理年龄所造成的各种差距的基础上，用心灵去感受、体验和思考问题，通过对方的反馈信息及时调整自己思考问题的方式方法与交流策略。师生间通过思想交流、情感沟通、人格碰撞等，产生精神的感染、人格的震撼，才会有真正的理解。

从教师一方来说，需要创设多种情境，引导学生将自己置于交往对方的心理位置来理解问题和思考问题，让他们学会主动地为别人着想，进行自我控制、自我调节和自我教育。从学生一方来说，他们不仅对教师的知识水平、教学水平做出反应，还会对教师的道德水平、精神风貌做出反应，用各种方式表达他们的评价和态度，这对教师来说确实是其他任何一种职业都无法比拟的精神挑战。

在理解的基础上，教育主体双方通过共同的努力，才能变被动为主动，从相互依赖转为自主，从兴趣浅甚至兴趣索然转为兴趣浓厚，从缺乏自我意识转为有自我意识和自律，从而朝着共同的教育愿望和目标前进。因此，教育系统中的交流与理解是愉悦教育、成功教育的必经之途，也是宽容与自由的基石。

3. 宽容与自由

宽容是自由的必然结果，它是承认他人主体性存在的一种深层次的主体性的品质。它并非囿于一家之言，而是激励他人去追求真理，是一种自尊、自信、貌似柔弱实则强大的超然表现。学生在表达自己的观点时不会受到打击、嘲笑，在主动验证自己想法的正确性时不会感到孤立，师生交往的氛围充满了自由、民主与活力，学生受到多元和发散的鼓励，有了独立表达自己观点和验证自己想法的自由，并不时擦出思想的火花，就有了适合学生主体性发展的环境。

师生交往中的自由，强调权利与责任的统一，个体在拥有做事自由的同时，必须为自己的自由行为承担责任，如此，师生的教育交往才能做到自由而不失有序。在宽容、自由的师生交往中，教师通过对教育事业的高度责任感，满腔热情地承担"教"的责任，以引起与学生在情感、意识和人格力量上的沟通与共鸣，从而使学生在心理上产生对教师的亲切感和信任感，激发对学习文化知识的向往与追求。如此，在调动学生学习积极性的同时，也培养了学生良好的心理品质。

有了这些相互交流、认识的前提，师生才能在校园内外、课堂上下，在一种轻松、愉快、安全、自由、和谐的心理氛围中进行无拘无束的交流，交往才能畅通从而走向深入。在这种氛围中，学生才能真切地感受到师生之间平等、信任、合作、宽容的关系，感受到自身价值被肯定而焕发出巨大的积极进取的活力与精神，从而实现"由外部意志到内省命令的转化"。此外，在学生的主体性得以高度发展的同时，教师的生命价值也得以体现，达到了自我实现的境界。

在高等教育活动中，教师和学生均是教育主体。大学生的主体性已有一定发展，高等教育过程，实质上是大学生自主学习、自主研究、自我提高、自我完善的过程，而教师的作用只是对学生进行启发、引导和激励，并为学生的学习、研究提供一定的适宜环境。教师，不仅要以一个有容乃大的胸怀鼓励学生，启发、调动学生积极思考和主动参与，还要积极创设一个心灵自由、信息丰富、精神富有，具有很强的亲和力、渗透力、感染力的人文环境。

第四章　高等教育学科理论与学科建设

教育领域中的学科是从某一门科学中根据一定的条件选择出相应的知识，加以组织、整理，最终组成适合教学的某一专业内容。本章主要围绕学科的内涵与分类，学科与专业、课程的关系，高等教育学科建设及其内容进行讨论。

第一节　学科的内涵与分类

科学领域中的学科是科学研究和培养科学家过程的产物，它通过持续地对某一科学领域或某一问题进行研究而形成完整的知识体系。学科因科学技术的创新和发展而形成，学科也使科学的整体结构形态不断丰富。学科体系是对科学系统的完善描述，学科体系一旦确定，对已列入该系统中的学科的发展就会起到促进作用。专业作为培养学生的学业门类和各个专门领域，与学科之间具有一种内在的直接的关系。高校中专业的划分及设置，通常以学科为主要依据，而学科的发展又必须以专业为依托，专业的拓展为学科的发展提供了一片广阔的天地。学科是专业的基础，学科与专业并存是高校的一种特有现象。学科的形成和发展遵循的是科学研究的内在规律，专业的形成和发展既要遵循科学技术文化的发展规律，又要遵循教育的规律，并各成体系。

学科分类必须适应科学技术的发展，在体系上应该在淡化传统学科界限、反映交叉类目、建立综合性学科大类、减少类目层级、灵活设置类目等方面进行探索。

一、学科概述

（一）学科的内涵与外延

1. 学科的内涵

学科是教育科目，也称科目，是依据一定的教学理论组织起来的科学基础知识的体系。为了满足教学的需要对某一门科学的浩繁内容进行适当的选择以及合理的组织和排列，使其符合学生身心发展的水平和某一级专门学校教育应达到的程度，这就形成了和这门科学相对应的学科。因此，"学科"包含两种含义：在研究上是指科学领域或科学分支；在教学上是指教学的科目，即依据一定的教学理论组织起来的科学基础知识体系。学科的研究范围是学科内部知识体系的构建，如何把某一学科建设成科学合理的体系是它研究的核心内容。对学科概念的不同理解自然会导致对其内涵和外延的不同认识。以广义的学科概念为起点，可以看出学科兼具"形而上"和"形而下"的双重特征。一方面，它是知识体系的分类，而知识体系基于对经验和事实、形式和结构的抽象概括，是静态地分析、归纳与分类，因而是"形而上"的；另一方面，作为活动形式或组织形式的学科是"形而下"的，它是一个由学者、知识信息、学术成果、物质资料等组成，按照特定方式运行的组织体系，是一个实体，因而是"形而下"的。所以，只有将"形而上的学科"和"形而下的学科"联系起来，才能比较全面、客观地认识其内涵。

毫无疑问，学科内涵中最核心的部分应该是"知识体系"，知识是学科形成发展和分化综合的基础，更是学科孜孜以求的最终目标。所以说，学科最基本的内涵就是一组相同或类似的知识的集合体。而知识的外在表现形式，即教学或科研的功能单位，则构成了学科内涵的第二重含义。

学科起源于人类认识世界的本能。由于人类在认识世界的过程中，只能从某一角度或某一观测点去认识与把握，而受其能力、方法与时间的制约，难以迅速、全面地掌握世界，于是人类从近代开始采用分类的科学研究方法。这种分门别类的研究方法成为各类学科形成的雏形。在长期的社会实践中，人们通过对某一科学领域进行研究而形成了完整的知识体系，并根据一定的条件从某一门科学中选择出相应的知识加以组织、整理，使其成为适合教育的专业内容。它规定了学生在某一科学领域内应掌握的知识和应形成的能力。

2. 学科的外延

外延是内涵的拓展，它反映了人们对学科知识体系的另一种探索模式。如果说学科内涵是对该学科知识体系本质的界定，那么学科外延就是对该学科知识体系边界的探索。它模糊了学科的界限，但也扩大和丰富了学科的知识领域和内容，促进了学科的进步，甚至会催生出一批新的学科。

学科发展的动力来源于社会需求。学科的研究成果一旦被社会应用并产生较大的效益，便会得到飞速发展。一般而言，学科发展有纵向和横向两个方向：纵向延伸是学科深度探索，开拓的是前沿未知领域，它起着完善学科体系，加深学科认识程度的作用，横向扩展则是拓宽学科知识面，向学科周边领域探索，起着了解外部世界，从外部环境的角度加深对学科的理解的作用。学科与学科之间也会发生密切联系。当一门学科和别的学科交叉时，便有可能形成新的分类学科，从而形成一个纵横并进、相辅相成，由单一学科发展出来的学科群。任何一门学科都要经历诞生、成长、成熟的发展过程，或在原学科的基础上产生新的分支学科，或在与其他学科交叉和融合的过程中产生新的学科。各门学科不断发展，使得具有不同特征的学科群逐步形成。各学科群既有相对的独立性又有相互的联系性，它们共同构成了学科的有机体系。

但是，对学科外延的探索不是盲目的，它必须基于对学科内涵的深入研究和挖掘，其目的是解决本学科知识领域研究中遇到的问题。随着学科知识体系的逐步丰富，所谓的外延也可能转化为学科内涵的一部分。例如，高等数学中的微积分学，本来是牛顿等人为解决物理学问题而创立的研究方法，而现在早已成为数学领域的一门基础学科。

（二）学科的特点

由于学科概念的两重性，即学科既是一种知识体系分类，又表现为不同组织下的研究活动，所以学科表现出不同的特点。

1. 学科作为知识体系的特点

（1）学科具有多样性和层次性

无论在自然界还是人类社会，知识都是无穷的，研究对象不同，研究目的不一，研究方法各异，必定会带来学科的多样性，这也导致学科的分类标准难以完全统一。例如，物理学按照研究对象可分为声学、光学、电学、热学、电磁学等，按照研究目的则可分为物理学史、应用物理学、理论物理学等，按照研究方法又可分为计算物理学等。最终，对学科的分类不得不按照研究对象、研究目的和研究方法三种标准混合进行，学科多样性可见一斑。

对学科内涵的深入研究会促使学科知识体系的不断分化，而对学科外延的探索又可能导致多种学科知识的融合。两个方向的研究都会从不同层次上催生出若干新学科，最终构成了层次分明的树状学科群。

（2）学科具有结构性和功能性

学科不是一个点状的概念，而是结构清晰的有机体。从知识体系的角度来看，学科是由概念、定律、理论、方法以及应用等构成的系统知识群；从研究活动的角度来看，学科是由学科方向（以科研项目和科研成果为表现形式）、学术组织（包括师资队伍和参与研究的各类学生）以及管理（包括政策和条件支持等外部环境因素）等构成的学术有机体。功能是由结构决定的，即有什么样的结构就会产生什么样的功能。在学科这个系统中，基本理论、研究方法和应用三者之间形成一定结构，但具体能够实现什么样的功能需要根据学科研究的最终目的来安排这三者的关系。合理的学科结构就能实现预期的学科功能，不恰当的学科结构不仅难以实现学科功能，甚至会与预期功能背道而驰。

（3）学科具有累积性和前瞻性

任何一种知识体系的形成，都建立在该学科相关知识长期累积沉淀的基础上，量变引起了质变。如果没有秦汉以前我国劳动人民大量医药相关知识的积累（原始解剖、穴位经络、植物动物、矿物冶金等），没有医学前辈的实践探索，没有诸子百家学术思想的碰撞融合，就不可能有中医药学的诞生。所以说，学科是一个在时刻增长的知识集合体，它不仅是许多已知事实、定理、定律等知识单元长期累积的结果，而且是许多新事实、新定律和新理论不断被发现的过程。

在学科知识体系不断累积的基础上，通过对已有知识（概念、定理、定律等）的深入研究总结，把握其发展规律，研究者就可以对新的事物和知识做出前瞻性的预测，如牛顿力学对海王星的预言、麦克斯韦方程对电磁波的预言、爱因斯坦相对论对光与时空关系的预言等；在中医药理论中，心主神志、肾主纳气等理论的提出，无不显示了该学科的科学性和前瞻性。究其原因，科学的知识能够反映事物或现象的本质，而这个本质就是规律。

2. 学科作为研究活动的特点

（1）学科具有人本性和集群性

从事学科研究活动的主体是人，学科研究的最终目的也是为人服务。任何一个学科的产生与发展都离不开科研人员的主动性、积极性，学科的进步甚至飞跃更离不开学科精英的巨大贡献。从整个研究活动的过程来看，发现问题—提出假说—验证假说—解决问题—升华理论，每一步都需要学科研究人员付出巨大的努力。特别是发现问题，发现问题比解决问题要难得多，前者需要想象力，后者只需要巧智。在学科诞生的初期，学科研究活动还主要依靠个人的兴趣与才智，但随着学科知识体系的不断丰富和迅猛发展，研究者个人的能力和精力已远远不能支撑起学科的发展，研究人员只有联合起来协同攻关才能更好地进行创新活动，学术组织意义上的学科也就应运而生了。

（2）学科具有探索性和创新性

探索未知、创新知识体系是学科研究活动的初衷和目标，正是人类的好奇心推动着研究者殚精竭虑、运用各种方法和手段，去发现和解决研究活动中的一个个问题，从而使学科知识体系不断丰富和发展。探索性从本质上概括和反映了科学研究的根本任务。创新是探索的结果，没有独创性的成果，是不能算作科研成果的，因为它并没有对学科知识体系做出任何贡献。创新性的科研劳动，是一种艰苦的复杂的高水平的社会劳动，是一种脑力劳动和体力劳动相结合的劳动，并且主要是一种脑力劳动，是一种知识性、思考性和探索性很强的脑力劳动。

（3）学科具有持续性和目的性

知识是没有穷尽的，学科的创新性研究活动必将是一项长期的艰苦工作，每一个重大理论突破的背后，无不渗透着每一个研究人员的辛勤汗水，对各种数据、资料和信息的收集、鉴定、分析、整理，不是一朝一夕所能完成的。而作为理论概括依据的数据、信息必须完整而系统，才能使结论更可靠、准确而有说服力。这就对整个学科团队的研究素质和支撑研究活动顺利进行的基本条件提出了要求，它们必须能够保障研究活动的持续进行，否则必将半途而废。

耗费了大量人力、物力和时间的学科活动不可能是没有结果的，这个结果就是学科活动的根本目的。从宏观上说，学科的目的性就是指其指引人们通向新的知识领域的作用。学科研究活动就是要发现新现象、创造新知识，引导人们按着学科内在逻辑发展方向以及社会需求等进行知识的探索，最终促进学科的整体进步。

（三）新兴学科形成的特征

新兴学科形成的特征可概括为两类：

第一，分化学科。它是由过去的某一学科经过进一步细分而形成的。虽是新兴学科，但也是单一学科，是科学发展高度分化的结果。例如，分子遗传学就是由遗传学分化而来的。

第二，交叉学科。它是各门学科之间相互渗透、相互交叉，对客观世界进行综合性探索的学科。它与单一学科相对应。从根本上说，交叉学科的产生和发展是由客观存在的整体性决定的。它区别于单一学科的混合，而是在整合的基础上产生的新科学分支，不仅存在于自然科学、社会科学的内部，而且大量出现在自然科学和社会科学之间。

（四）学科的构成要素

1. 研究对象

研究对象的确定是一门学科独立存在的标志与价值所在，无明确的研究对象，学科也就没有存在的必要。因此，研究对象是否明确就成为判断学科有无存在必要的标准。

2. 研究内容

研究对象犹如学科定位之"点"，由这一"点"所带来的"面"就是学科研究的内容。研究内容围绕研究对象而展开，是学科内涵与外延的完整表现形式。

3. 研究方法

某一学科的研究对象与研究内容限定了其可以采取的研究方法。具有特色的研究方法会成为学科成熟的重要工具，最终形成一套独特的、自成一体的观念、原理、命题和逻辑体系。研究方法与研究内容密切相关，研究过程中的观念、手段又与研究成果密切相关，各学科独特的逻辑体系使其研究手段带有鲜明的学科特色。

4. 有较完整的学科理论体系

任何一个成熟的学科都有其独特而完整的一套理论体系。它是学科的基本思想，是学科发展的宗旨。学科所建立的基本理论体系成为研究的固定轨道，并因此而区别于其他学科。

5. 代表人物和代表著作

任何学科都有一人或几人作为其产生的代表人物，这些人物的观点成为学科存在的重要基础理论。在逐渐成熟的阶段，代表性著作的出版会为学科的普及与成熟、理论化与社会化做出重大贡献。

学科是科学的分支。依据系统论观点，学科是科学的子系统。依据哲学观点，学科类属于科学。学科因科学技术的发展而发展，学科也使科学的整体结构形态不断丰富。

二、科学的分类与学科的分类

分类是人们认识事物的逻辑方法，一般分为现象分类和本质分类两种。所谓现象分类是仅仅根据事物的外部标志或外在联系进行的分类，它往往把现象上不同而本质相同的事物分离开来，带有很大的人为性，所以也称为人为分类。本质分类则是根据事物的本质特征或内在联系进行的分类，不管事物多么错综复杂，它都能把虽然外部标志或外在联系不甚相似甚至相距很远但本质上十分相同的事物科学地归在一类，具有自然性而非人为性，所以也称为自然分类。科学是人类认识客观世界的产物，科学的划分必须以人与客观世界的本质联系为基本出发点。

（一）科学的分类

科学是运用范畴、定理、定律等思维形式反映现实世界各种现象的本质和规律的知识体系。科学分类是认识科学之间相互关系的一种方式，根据一定的原则划分各门学科的对象和领域，确定各门学科在知识体系中的位置和相互联系，从而揭示整个科学体系的内部结构，这是科学的分类和结构问题。哲学上所说的分类是在相对的意义上从上位类种概念到下位类属概念将其外延加以区分，借以组织完整体系的工作。知识一旦被组织成系统的科学，科学本身也就成为一个哲学课题。随着科学的分化，学科门数不断增多，从而产生各门科学之间的相互关系问题。

科学分类是一种研究科学知识体系并使其系统化的基本方法。它根据各个知识领域的共同点和差异点将科学区分为不同的种类。依据其共同点将科学知识予以综合，可构成种概念的类，依据其差异点将科学知识予以划分，可构成属概念的类，从而可以将整个科学知识联结成具有层次结构的系统，形成次第分明的知识体系结构，这就是科学分类的根本目的。科学分类是世界观在科学知识组织上的体现，也是一定社会阶段科学水平的反映，但归根到底是各门科学的相互区别和相互联系的哲学问题。历代哲学家和现代科学工作者都提出过自己的见解，建立过符合自己哲学观点的科学分类体系。

一个正确反映科学知识之间的内在联系的科学分类，可使大量急剧增长的科学知识领域系统化，帮助各个学科明确自己在整个科学体系中的位置和研究对象，处理好本学科与其他学科之间的关系，对高校学科建设、专业设置、课程选择等予以指导，为跨学科人才的培养提供理论上的依据。

一个正确的科学分类体系可以真实地揭示科学之间的关系，确定其地位，从而深刻地反映世界上各种事物和现象的联系与转化，帮助人们掌握科学发展的规律，更有效地具体组织和管理科学研究工作。从历史发展过程来看，科学分类大体上可分为三个阶段。

1. 古代科学的分类体系

在古代，科学与哲学混为一体产生了自然科学。到古希腊后期，包含在自然科学中的天文学、数学、力学、医学以及反映社会文化的文学、伦理学、艺术学等方面的知识开始丰富起来，一些哲学家也开始了对科学知识分类的尝试，主要代表人物是柏拉图、亚里士多德、伊壁鸠鲁等。古代的科学分类实质上是一种知识分类，区别于近代和现代的科学分类体系。柏拉图最早提出科学分类。亚里士多德将人类知识分成历史、文学、哲学三大部分，他认为人类的知识有客观的、情感的、理智的三大部分，客观的知识是历史知识，情感的知识是文学，理智的知识是哲学。

中国古代也有知识分类学说，如先秦的诸子百家，大体可分为儒家、道家、墨家、名家、法家、纵横家、农家、小说家等。由于古代科学基本上处于现象的描述、经验的总结和猜测性的思辨阶段，所以其科学分类体系带有很强的朦胧性、模糊性和自然思辨性，还未能完全深入本质。

2. 近代科学的分类体系

文艺复兴运动后，近代科学随着生产力的发展和人类认识能力的提高，得到了比较系统、全面的发展，科学从综合走向分化，各门具体学科相继从哲学中分化出来，成为一门门独立的学科，学科的分化在科学发展史上占了主导地位，达到一个新的高峰。适应这种形式，17 世纪的培根、19 世纪的孔德以及这一时期其他的著名哲学家和分类学家提出了一系列的科学分类方法。培根从人类理性出发，认为记忆产生史学、想象产生诗学、判断产生哲学（理学），将世俗学问按照记忆、想象和理性三种能力划分为历史、诗歌和哲学领域。在18—19 世纪，法国的圣西门和德国的黑格尔又分别按照客观原则和辩证发展原则进行了科学分类。

这一时期是人类对科学体系结构从自觉认识到整体把握的过渡时期，其中恩格斯的分类法融入了联系发展的思想。他把科学体系结构的客观原则与发展原则统一起来，将物质运动形式及其固有次序作为区分和排列各门科学的依据，奠定了科学分类理论的基础。他把所有物质运动形态分为机械的、物理的、化学的、生物的、社会的、思维的六类，初步形成了哲学、自然科学、社会科学的新三角构架科学体系。这是这一时期最完整、最深刻的科学分类理论。

3. 现代科学的分类体系

19 世纪末，以相对论、量子论为代表的科学革命，推动了科学技术的全面发展；同时，人们的世界观、自然观和科学观也出现了相应的转变，对科学知识体系的认识更趋于深刻和全面，在整体上驾驭科学的能力大大提高。随后，现代科学技术迅猛发展，使整个自然科学、技术科学、社会科学、思维科学呈现出相互促进、相互推动的崭新局面。为反映科学发展的新特点而提出的科学分类理论与以往大不相同。20 世纪 70 年代，有学者提出现代科学可划分为马克思主义哲学、自然科学、数学科学、社会科学、技术科学、工程技术六大类；20 世纪 80 年代有学者将科学分为自然科学、社会科学、哲学、数学、自然科学与社会科学共同领域五大类。

到了 20 世纪 90 年代，科学分类体系更多、更新，例如，有学者提出科学分类可以是一个包含七个科学部类的四面体塔杆式部类结构（见图 4-1）。

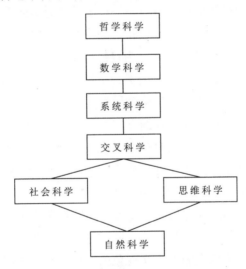

图 4-1 四面体塔杆式部类结构

这一分类理论认为：自然科学、社会科学、思维科学分别以自然、社会、人类思维为研究对象，三足鼎立，共同支撑着整个科学知识体系。交叉科学（也可称为跨界科学）包括既有自然科学学科又有社会科学学科、思维科学学科的科学门类（即学科群）。系统科学包括一般系统论、信息论、控制论、耗散结构论、协同学等学科。数学科学的研究对象并非自然界的某种运动形式，而是遍及自然界、人类社会和思维领域的各种数量关系和结构关系。哲学科学是关于世界观和方法论的学问，是一切知识的结晶，是最高层次的科学知识，理应置于科学知识体系的最高层。这一科学分类体系不同于以往的任何体系。

在国外，多数科学分类体系设为五个门类：自然科学、农业科学、医药科学、工程与技术科学、人文与社会科学。联合国教科文组织科学技术统计指南中科技领域分类所含的门类与教科文组织大学学科分类的门类基本相同，只是后者将人文科学与社会科学分设为两个门类。日本文部省学术国际局研究课题的分类体系与此基本类似，不同的是它将人文科学、社会科学分设成两个门类，另外它设立了综合领域，吸纳了文理方面的一些学科，相当于"其他"的概念。国外也有打破传统的五大门类框架，采用其他分类体系的。例如，德国政府为研究与开发活动制定的科学分类，将基础理论学科与和该理论相关的技术合为一类，如理工科学，包括物理及工程技术类等。美国科研系统常用分类设有生命科学、心理学、物质科学、环境科学、数学与计算机科学、工程科学、社会科学七大门类，这与我国自然科学基金委员会几个学部的设置基本相似。我国自然科学基金委员会将基础科学、技术科学、工程技术结合起来设类，较适合于研究与开发方向的科技活动，但与国外传统学科分类体系有较大差别。

我国依据学科研究对象、研究特征、研究方法、学科的派生来源、研究目的与目标等对科学进行分类，将其分为自然科学、农业科学、医药科学、工程与技术科学、人文与社会科学五个门类，下设一、二、三级学科类目，其学科内容涵盖理、农、医、工和人文与社会科学。

现代科学正沿着学科高度综合的方向蓬勃发展。随着科学技术的不断创新，人们对客观世界不停地探索，对自然规律和社会规律的认识也日益加深，由此发现学科之间的种种逻辑关系正在发生变化。原来较为单纯的并列关系、从属关系、对立关系逐步走向相互交叉、相互兼容、相互渗透的关系，呈现出多维化、立体化的状态，科学的高度分化和高度综合产生了许多新的学科。

科学的发展促使其自身发生分化，同时也产生了新的边缘学科。例如，地理学一方面以分布在地球表面上人文现象的区域性布局为研究对象，另一方面又对覆盖在地球表面上的自然物进行区域性的研究，因此，可以说它是处于人文科学与自然科学之间的边缘学科。由此，"地理学专业"在日本京都大学研究生院归属文学研究科，而在东京大学研究生院则归属理学研究科。

（二）学科的分类

学科，即学术的分类，指一定科学领域或一门科学的分支。学科门类结构是科学体系的宏观框架。如果说自然科学、社会科学是世界组成中的"面"，数学、物理学、化学、天文学、地理学、生物学、哲学、历史学、政治学、经济学等学科就是散落在这些"面"上的"点"。从系统论角度来看，学科是科学的子系统，从学科与科学的关系来看，它们是一种类属关系。学科因社会需要、科学技术的创新和发展而形成和发展起来，而其本身的任何一个发展变化，都不断充实、丰富着科学的整体结构形态。

对学科按照一定的模式进行分类，可以从理论上认识和把握科学发展整体图景，也便于从国家层面进行科研管理和科学教育与传播，对学科的建设发展具有重要意义。然而，现今的学科分类模式，无论是各国标准学科分类，还是信息资源学科分类，都存在较大的差异，不同的学科分类方法间还存在交叉和重复。因此，有必要对常见的学科分类模式进行梳理。

1. 按学科知识体系分类

（1）国际标准学科分类体系

国际标准学科分类是根据学科研究对象的客观的、本质的属性和主要特征及其之间的相关联系，兼顾学科研究方法、派生来源、研究目的等因素，划分出学科不同的从属关系和并列次序，组成一个有序的学科分类体系。该分类体系下最权威的是联合国教科文组织专为国际教育统计所使用的标准分类法，即"国际教育标准分类"；其次是联合国教科文组织的《科学技术统计工作手册》，为国际科技统计工作设定了共同遵循的统一标准和规范。此外，还有英国高等教育统计局采用的学科体系、美国教育部的国家教育统计中心制定的学科分类、俄罗斯联邦教育部发布的最新学科专业、德国联邦统计局发布的学科目录、日本各类大学的学科专业、韩国学科体系等。

我国制定的标准学科分类体系主要有两个：一是由国家质量监督检验检疫总局（现为国家市场监督管理总局）、国家标准化管理委员会发布的《中华人民共和国学科分类与代码国家标准》（简称《学科分类与代码》），它是中华人民共和国关于学科分类的国家标准；二是国务院学位委员会、教育部发布的《学位授予和人才培养学科目录》，它是国家进行学位授权审核与学科管理、学位授予单位开展学位授予与人才培养工作的基本依据，适用于硕士、博士的学位授予、招生和培养，并用于学科建设和教育统计分类等工作。

（2）一、二、三级学科分类

学科具有层次性、发展性和交叉性。学科的层次性是将学科按研究范围的大小和抽象程度高低进行划分，依次为超学科、学科和子学科等若干层级。如果从高等教育的角度来理解，则指专业设置目录中的学科门类、专业类、专业三级。一级学科为学科门类，二级学科为专业类，三级学科为具体专业。高校中设置的院系、专业以及教研室，大多数就是按学科分级的层次进行组织的。

所谓一级学科，是根据科学研究对象、研究方法、知识体系和人才培养需要划分的学科分类体系，是具有共同理论基础或研究领域相对一致的学科集合。一级学科相当于本科层次的院系或专业，它覆盖了几个二级学科。二级、三级学科是根据研究对象、知识体系和人才培养的需要，在一级学科内划分的若干既相关又相对独立的学科、专业，其中二级学科是构成一级学科的基本单元。三级学科是根据研究对象、研究方法或研究目的对二级学科进行的进一步划分。

学科的发展性是指学科从孕育、出现到成熟都有一定的过程，可以分成潜在学科、探索中学科、发展中学科、发达学科和老成学科等。而学科的交叉性是指两门或两门以上的学科相互结合、彼此渗透而形成新学科。如按交叉程度从低到高的标准可分为比较学科、边缘学科、软学科、综合学科、横断学科和超学科。

2.其他学科分类方法

（1）按照学科产生的时间划分

学科按照产生的时间划分，可分为传统学科和新兴学科。传统与新兴是一个相对的概念。传统学科拥有深厚的历史积淀、雄厚的研究基础、完备的研究方法和相对成熟的学术队伍；新兴学科相对发展较晚，但多脱胎于一个或多个传统学科，是对传统学科内涵或外延的进一步挖掘，更容易发现新问题，产生新成果。

（2）按照学科的成熟度划分

学科按照成熟度划分，可分为发达学科、未来学科和发展学科。发达学科是指在该学科研究领域内具有其他学科难以企及优势的相对成熟学科，突出表现为其知识体系的系统性、严密性；未来学科是指目前尚未成为独立知识体系，但假以时日，有发展成为一门新兴学科潜质的准学科；发展学科则介于二者之间，表现为其知识体系的独创性和超前性。

（3）按照"采掘"方式划分

学科按照"采掘"方式划分，可分为当采学科、回采学科和预采学科。科学发现过程好比采掘过程，它是沿着不同的物质层次和不同运动级别而不断深化的。在不同的时代背景下，有一门或几门学科的知识体系成为人们关注的焦点，是当时研究的热点，属于当采学科；而随着科学的发展，当人们对以前的"过时"的知识体系又有了更深层次的认识时，又回过头来继续深化发展已有的知识，就构成了回采学科；预采学科则是根据当前学科的发展趋势，预测未来科学研究的热点，提前进行准备，例如，20世纪末物理学界发现的"超弦理论"可以说就是当时的预采学科，抓住了预采学科，也就站在了未来科学发展的前沿。

（4）按照学科生成的方式划分

学科按照生成的方式划分，可分为综合学科、横向学科、交叉学科和分支学科。综合学科是对以某种主题为对象的事物进行系统综合研究，揭示其规律的学科，其汇集了社会科学、自然科学和技术科学的学科知识，综合了多学科的理论、方法，如生态学；横向学科研究客观世界中的一些普遍关系，探索各学科中带有共性的事物或问题，把自然、社会和思维等领域横向地连贯起来，如信息论、控制论等；交叉学科一般指两门或两门以上的学科，在同一个研究目标下，通过不同学科间的互动，有机交叉、渗透、融合形成的新学科，如生物化学、物理化学等；分支学科则以学科分化衍生为特征，是当代学科高度综合与分化的必然产物。

（5）按照比较视角划分

学科按照比较视角划分，可分为带头学科、特色学科、优势学科、一流学科。所谓带头学科是指在某一历史时期，带头向前发展，并对其他学科以及整个自然科学的发展产生重大影响的主导学科，如近代科学兴起以后，力学成为第一个带头学科；特色学科是指与众不同，人无我有，具有原创性优势的学科，如在中原地区，对张仲景医学理论体系的研究便是其他国家和地区不可能拥有的特色学科；优势学科是指某一研究方向或几个研究方向具有明显的领先优势，从而形成整体领先优势的学科；一流学科则是一个相对模糊的概念，主要指特定的学科在不同比较范围内的水平差异，强调的是学科间的自我比较，如耶鲁大学的法学、斯坦福大学的心理学便是该学科领域内公认的一流学科。

（6）按照建设机制划分

学科按照建设机制划分，可分为重点学科和一般学科。重点学科是一个具有中国特色和时代特色的概念，一般是指对国民经济建设、科技、教育等有重大影响，需要重点扶持、重点投入、重点建设和重点发展的学科。重点学科有广义和狭义之分。广义的重点学科是指由国家各部委、地方政府或高等学校，根据国民经济和社会发展的需要及各大学的学科基础，确定的在大学优先发展的学科，如教育部重点学科、国家中医药管理局中医药重点学科、河南省重点学科、河南中医学院重点学科等。狭义的重点学科专指由国家教育行政主管部门根据国民经济建设和社会发展对培养高级专门人才的需求、科技发展趋势和国家财力的可能，在高等学校择优确定并安排重点建设的学科，即教育部重点学科。

（7）按照高校学科布局划分

学科按照高校学科布局划分，可分为基础学科、应用学科、支撑学科和交叉学科等。基础学科是学科建设的基础部分，与学校的性质、类型密切相关。基础学科主要为应用学科提供理论储备，不同类型的大学基础学科不同。如对医药类院校来说，解剖学、生理学、组织胚胎学就是基础学科，而对理工类院校来说，高等数学、理论物理学等就是基础学科；应用学科研究的方向性强，目的明确，与实践活动的关系密切，并且直接体现着人的需求，侧重培养应用型人才，如理工门类中的机械工程、电子工程学科，文科门类中的经济管理、市场营销等学科便是典型的应用学科；支撑学科，顾名思义是在高校建设中起支撑作用的学科，是高校的主体学科。在我国，支撑学科一般是学校特色和优势学科，如国家级、省级重点学科；交叉学科是不同学科间通过交叉、融合和相互渗透而形成的新兴学科，是学科建设的生命力和竞争力的重要方面。

需要说明的是，此种分类方法互有交叉，层次不一，如一所院校的基础学科或应用学科可能同时是该校的支撑学科，支撑学科可能产生于交叉学科，交叉学科又可能产生于基础和（或）应用学科等。

（三）学科分类的原则

不论采用哪种分类标准，划分学科都必须遵循以下基本原则。

一是科学性原则。根据学科研究对象由低级到高级、由简单到复杂、由内在到外表的运动形式，以及由此反映出来的学科客观的、本质的属性和主要特征进行分类。任何与客观事实不相符的分类体系都是背离科学精神的，是人类科学认识上的失败。

二是系统性原则。根据学科之间的相关联系划分不同的从属关系和并列次序，既反映类目之间的层次性、递进性，也反映类目之间的相关性，并由此组成一个有序的学科分类体系。

三是实用性原则。根据我国科学技术统计和管理的实际需要，对学科进行分类。有些新兴分支学科发展较快，可以独立出来自成体系，也可以为某些新兴学科预留类目，以便得到必要的扩充和延续。在学科层次划分与组合方面，类目名称应简洁明了，标记符号应有助记作用。同时，也应综合了解国外各种学科分类方法，根据我国的实际情况做出兼容性高、实用性强的取舍与调整。

（四）我国的学科教育体系

我国学科教育体系由高等教育与基础研究两大部分构成，具体包括三个子系统。

一是普通高等院校的本科学科教育体系。它以培养具有某一学科专业基础理论知识与能力的人才为目标。

二是高等院校、科研院所的硕士、博士学位的研究生学科教育体系。它是建立在第一个子体系基础之上的，具有教育及研究性质的体系，担负着培养高层次人才和进行基础性学科研究的双重任务。

三是国家自然科学基金委员会（NSFC）的基础性研究学科组织管理系统。它是在中国科学院科研机构体系划分基础上演变而来的，通过学部及学科的设置、资助与管理来支持基础性学科的研究，以 NSFC 的学科划分为标志，规划着学科研究的方向。

以上三个子系统彼此联系密切，多向互动，其中普通高等院校的本科学科教育体系是其他两个子系统的基础，高等院校、科研院所的硕士、博士学位的研究生学科教育体系既以第一子系统为基础，又与第三子系统相联系，而 NSFC 的基础性研究学科组织管理系统则具有超前性和动态性，随时调整的灵活性高，任何微小变化都会影响和带动其他两个系统的调整。

（五）学科分类的意义

一个正确反映科学知识之间的内在联系的科学分类，可使大量急剧增长的科学知识领域系统化，帮助各个学科明确自己在整个科学体系中的位置和研究对象，处理好本学科与其他学科之间的关系，对高校学科建设、专业设置、课程选择等进行指导，为其提供理论上的依据。学科体系是对科学系统的整体描述，学科体系的确定对其发展会起到促进作用。因为凡是进入该系统的学科都应该有明确的发展方向，大批的科学家和科研资源会向该领域聚集，科学家的知识结构也会以此为调整目标。当然，对那些未纳入学科划分与设置系统中的新兴学科的发展也可能会产生不利影响。因此，不断调整学科类目，对已具备学科条件的新兴学科给予相应的位置，对那些过时、废弃的学科予以淘汰已成为科学分类研究中值得关注的问题。

20 世纪 50 年代后，学科有了较大发展，突出表现在分化的步伐大大加快、学科的种类越来越多、专业化程度越来越高、科学层次性日益明显等方面。例如，统一的自然科学已分化为基础理论科学、技术基础科学和工程应用科学三大层次，而每一层次又分成不同的门类。从学科划分角度来看，学科划分与设置细一点，有利于学科的单向发展和科技资源的集中使用，但是，过分地细化就会人为地限制和孤立学科领域的范畴，不利于学科之间的交融与渗透，不利于新兴学科与交叉学科的产生与发展，这对于已进入衰退期的传统学科更为不利，因为传统学科自身的知识体系已不具备发展优势，必须借助学科的交叉与渗透产生新的学科生长点才能得以发展。学科发展的外在形式是高度分化与高度综合，而其内核是科学知识的高度化、交集化、立体化。因此，增大学科包容量与增设新兴、交叉学科是学科体系发展变化的总趋势。

无论是科学分类还是学科分类，在高等教育中都起着重要的作用，会影响到专业与课程的设置，影响到研究机构的建立，影响到跨学科人才的培养。为学生设置专业和课程、建立研究机构，标志着相应科学、学科的建设和确认，标志着对相应科学、学科人才的培养。传统的大学的系、专业以及人才培养层次大多数就是按照学科分级来组织的。科学分类体系可以为教师、科研人员确立研究方向及目标提供向导和依据，而科学本身又需要通过高校的教学、科研、学术交流活动来形成新的理论观点和系统知识，高校的教学、科研管理部门对于科研力量与教学资源的配备、科研资金的分配、学校科研机构的设置也需要有据可依。

三、学科分类体系的走向

科学是一个不断发展着的知识体系。20 世纪以来，科学发展呈现出许多新趋势，具体表现为科学知识飞速增长，科学本身既高度分化又高度综合，大量边缘学科、交叉学科、综合性学科竞相涌现，数学和系统科学等横向学科在各个科学门类中获得越来越广泛的应用，自然科学和社会科学两大科学部类之间的传统壁垒已被打破。

新学科的不断出现、交叉学科的迅速发展已成为 21 世纪学科发展的典型特征。对新兴学科的认识是解决新兴学科分类问题的前提。随着科学技术的不断发展和人们对自然规律和社会规律的认识日益深化，客观存在的整体化促使人们对客观世界进行综合探索，这样必然带来学科之间各种逻辑关系的深刻变化。近代和现代科学发展历史表明，科学上的重大突破、新的生长点乃至新学科的产生常常是在不同学科彼此交叉和相互渗透中形成的。因此，学科分类体系也呈现新的走向。

一是淡化传统学科界限。现代科学的发展猛烈地冲击着传统学科体系，各独立学科之间的传统界限正日益淡化，学科之间相互分立、并列和封闭的状态已难以适应科学研究。例如，有关环境科学的分支学科就分属于不同的学科。如果各自从本学科的角度去进行认识与研究，只能解决某一方面的问题，很难提供全面解决问题的完整技术和方法，特别不利于围绕重大的经济与社会问题组织攻关研究，而且，它在一定程度上割裂了学科之间的有机联系，难以形成完整的体系，制约了新兴学科与交叉学科的产生与发展。

二是反映交叉类目。无论中国还是外国采用的各种科学分类法都是在历史的基础上发展而来的。任何一种分类体系都反映着那个历史时期的精神、思想意识和科学技术面貌。现代科学技术的高度分化和高度综合，使科学技术体系发生了较大的变化，逐步呈现出一种崭新的结构。在古代，当人们的认识并不深刻时，一本书往往可以概括一门学问。如今，事情变得复杂起来，人们的认识也逐渐深刻。一方面，许多问题只是一门学科中的一个专题研究；另一方面，一本书或一个课题又同时涉及若干门学科的内容，必须取得各种不同角度的人们的认同。因此，现有的科学分类体系已难以适应社会发展的需要，突破原有分类体系，适应今天科学技术发展的需要，已势在必行。

三是建立综合性学科大类。当代经济发展的历史表明，生产力的提高在更大程度上依赖于科学技术进步。这种进步靠单一的理论学科或仅靠现有工程技术学科都难以实现。解决一个专业问题，本专业知识所占比例有时并不高，还需要借助其他专业的知识，因而学科间的综合势在必行，培养具有多学科知识的跨学科人才势在必行。学科发展的轻重缓急和社会需求的差异，反映在高等教育的专业上，表现为长线专业作为调整和改造的对象，短线专业作为增设的对象。所以，当前边缘学科、交叉学科、高新技术学科成为高校竞相增设的对象。

四是减少类目层级。为了适应新兴学科的发展，可以粗化学科的划分与设置，特别是传统学科的划分与设置，在结构上可以把学科只设置到二级。

五是灵活设置类目。在分类体系中可设立一些研究领域或方向，并根据学科发展的最新动态及时进行增减，使作为基础性研究的学科体系比学科教育体系有更广泛的包容量，以利于科研工作者在更广泛的科学领域中自由探索，从而为新学科的产生和发展提供宽松的环境，为综合、交叉性学科专业设置提供空间。

科学在知识的分化中形成和发展，也在知识的分化中展示科学类型的完整性，应在科学分化、分类的基础上，通过整体上的综合、整理、研究，按照各学科逻辑上的内在联系，求得科学的整体结构。正确的科学结构的建立，对于自觉地顺应科学发展的潮流，理顺各门科学之间的关系，推动科学从整体上向认识世界的广度和深度进军，具有重要的指导意义。

第二节 学科与专业、课程的关系

一、专业概述

（一）专业的内涵

专业有多种含义。广义的专业是指专门从事某种学业或职业，也指专门的学问。在社会上人们将通过专门训练和工作经验获得的从事某种职业或活动所必需的知识、技能和技巧称为专业。在高等学校所说的专业是指学校根据科学领域或社会生产部门的分工所组成的学业门类，在教育领域，专业设置是国家教育行政部门依据本国产业结构及经济发展的需要和科学分工所设置的学业门类，它是社会分工在高等教育领域的一种表现形式。

专业决定着人才培养的规格以及与此相适应的教学计划和科研方向，专业教育是现代高等教育的基本形式。专业化倾向是现代高等教育的特点，专业的出现既以一定的社会分工为前提，又与一定的学科基础相适应。一个专业得以存在的必备条件就是这种专门特长必须以一定的较为丰富扎实的学科理论为生长点。

专业由专业目标、专业课程体系、专业师资、专业设备四个要素构成，四者既相互独立又共同构成一个有机整体。因此，专业是高等教育以社会分工需要为前提，以学科分化和综合为依据，根据高等教育自身规律和实际可能而设置的培养学生的专门领域和学业门类。

（二）影响专业教育发展的要素

1. 社会需要

社会需要决定专业取舍和发展方向。社会需要不断变化，专业目标也要随时调整，建立自主适应机制。国民经济发展需要大量的专门人才，这些人才的培养规格与数量都是由社会需要来决定的。专业是否设置以及如何设置都与社会需要有着密切联系。在19世纪英国的新大学运动中，资产阶级为适应工业革命对专门人才的需要，在大学里设置了大量理工科专业，从而加快了工业革命的进程。社会急需的专业设置就比较顺利，发展也较快，社会需要的长线专业作为高校中基础学科的一部分，获得了稳定发展。专业的任务是以社会需要为导向，具体到满足社会需要的特定方面和特定层次。

2. 社会分工

就教育领域而言，所说的专业本身就是强调根据"社会专业分工需要"而划分的学科门类。社会分工促进了学科和专业的产生，也决定了专业的划分标准与发展方向。专业教育是否成功有一个重要标准即是否有对应的社会分工，并且培养出来的学生恰好适合这一岗位。社会分工是人类社会发展的必然现象，不同的社会分工在使社会构成一个有机整体的同时，还对人才的专业类别、专业方向、专业面、专业层次提出了不同的要求，所以专业教育成为高等教育适应社会的首选形式。社会分工与专业既是前因后果的关系，又是互相配合的关系。

3. 科技进步

科学技术文化的发展与进步是影响高校专业设置的因素之一，社会分工促进了学科专业的产生，然而社会分工只是一种外在表现形态，内在的发展动力是科技进步。科技进步为专业发展提供了推进、拓展、综合的力量。在社会综合化发展越来越快的时代，要求专业有宽厚的基础，划分不宜过细，范围不宜过窄，必须反映现代科技和现代化大生产发展的趋势。对于一些新兴的尖端学科、边缘学科，以及现代化的生产知识和技术，应尽可能及时设置适当专业，或更新原有专业的教学内容。正如交叉学科、边缘学科、仿生学科出现后，高校也设置了相应的专业一样，机械电子工程、生物化工、环境科学、工业工程等专业相继产生。着眼于科技进步的专业建设应有前瞻性，统筹安排，合理布局，从全局出发，避免不必要的重复设置或零设置专业教育情况。现代科技的发展，要求高校的专业具有预测性与及时调整的能力。

（三）专业与学科的关系

专业作为培养学生的学业门类和各个专门领域，与学科之间具有一种内在的直接的关系。高校中专业的划分及设置，通常以学科为主要依据，而学科的成长又必须以专业为依托，专业的拓展为学科的成长提供了广阔的天地。学科是专业的基础，专业与学科并存是高校中特有的现象。从专业与学科所遵循的规律来看，专业遵循教育规律，学科遵循科学研究的内在规律，它们各成体系。

专业与学科之间也存在明显的区别。从专业与学科所追求的目标来看，二者提供的产品不同。专业的目标是出人才，以为社会培养各级各类专业人才为己任，满足社会对不同层次人才在质量、数量上的具体需求。学科以本学科研究的成果为目标，分为科研型科研成果和技术型科研成果两种。教育的最终成果要在社会中得到检验，故专业要定位在满足社会对人才的需求基点上，具体明确本专业的人才是满足社会需要的哪个层次和哪个方面。

当前，学科既高度分化又高度综合。教育滞后于社会发展，专业的适应性也不强。现存的专业教育使以专业为基础的各学科之间缺乏相互交叉渗透的管理机制与规章制度，既无内在机制也无外部约束，既无内在动力也无外部压力，各学科都在自己的领域里独自发展，带来的弊端十分明显，难有大的发展和突破。跨学科人才培养理论与实践的研究和探索试图对消除这些弊端做出创造性的突破与贡献。

二、课程及其与学科、专业的关系

（一）课程的内涵

关于课程的定义有多种，课程的本质内涵也较广泛，因而目前还没有一种定义被广泛认可。通常把课程分为广义、狭义两种。广义的课程指所有学科（教学科目）的总和，或指学生在教师指导下各种活动的总和。狭义的课程指一门学科。课程的定义应从三方面理解。

①课程是为实现学校教育目标而选择的教育内容的总和，包括学校所教各门学科和有目的、有计划、有组织的课外活动。

②课程泛指课业的进程。在一定时间内应完成的一定数量的作业。

③课程是学科的同义语。这种将课程分为不同层次的观点，形成了课程定义的立体结构，也说明了课程本身的外延与内涵都十分丰富。据此，课程可以是学校内部的全部教育内容的总和，也可以是课业的进程和规划。

传统的课程多属于学科课程或分科课程，所谓学科或分科课程，即将学科作为课程结构的基本成分，根据教育的需要，分别从相关科学中选取一定的材料，保持自身的逻辑系统形成的课程体系。课程一般是围绕学科而设立的，它根据一定的教育目的、教育对象选择相应的学科，并对其他条件进行综合考虑，合理地对有关教学的各个方面加以组织、安排、实施、协调等，以使教育达到最佳效果。

现代学科的发展呈现繁荣之势，学科的类型越来越多，势必造成课程研究的不断深入。课程研究淘汰了过时的学科，吸收了新兴学科，即使是明确界定的学科现在也不一定是课程唯一的研究对象。课程并不单单指一门或几门课，它是根据教育目标（专业目标）选择和设置的若干课程及课程计划。课程也不再完全与学科相依，呈现出了多类型、多样化的发展趋势。

（二）课程与学科的关系

课程与学科都是在科学精神指导下形成的体系，都遵循科学性原则。课程的科学性是指课程内容、课程安排必须遵循教育规律，充分考虑课程接受对象的身心特点和接受能力。学科的科学性主要指所选择的内容应该与客观存在的事实相符，保证知识体系的逻辑顺序，符合由低到高、由简单到复杂的认知规律。二者互惠互利。学科的发展是课程研究的主要基础，课程研究必将促进学科的发展。学科有相对的主动权，因为设置课程依赖学科，但学科的研究并不一定以课程为条件。

然而二者也有区别：首先，二者的结构不同，课程结构相对灵活，而学科结构相对稳定。课程结构可根据不同教学目的、要求、对象进行相应的组织安排，从而为教育目标的实现做出努力。学科则要依据一定的划分标准组成一个固定的体系，一般没有大的改变。其次，课程内容虽然有所限定，但可通过不同传授方法达到目的，而学科的限定性较强，自由发挥的空间较小。最后，制约二者发展的因素不同。课程受教育要求、教育目的的制约，学科受自身逻辑结构的制约。

（三）课程与专业的关系

高等教育是一种高层次的专门教育，具有很强的专业性。构建专业与专业发展布局对课程会产生较大影响，专业可制约与调控课程设置。有无专业直接影响到大学的课程设置。专业方向发生变化也会影响到课程名称的改变以及课程内容的更新。专业口径宽泛，相应的课程适应面广；专业口径狭窄，课程适应面就小。但课程在某些内容上的增加与减少所做的改变，也可以对专业及专业的培养目标产生影响。在了解现代科学技术发展状况、现代教育体系、现代社会需求之后，课程的反作用力应促使二者良性循环。

专业与课程的区别：一是内部结构不同。专业结构紧密，由不同的课程门类联结构成，而课程分布排列不规则，外部松散、种类多、灵活度高。二是层次地位不同。课程受专业的制约，充当专业构成材料，处于低层，而专业自主性高于课程，根据各时期专业培养目标和社会的需求状况，增减课程门数并调整课程内容。三是种属关系不同。一般是先有专业后设课程，课程只能依据专业而设置。

为了使高校培养出来的学生更加适应综合化、多样化社会的需要，在目前专业设置较为固定的情况下，改变学生的知识结构、增强学生的适应性可以从改变课程结构入手，在课程设置中通过不同学科课程的组合达到目的。同时，通过改变专业的课程结构体系，培养具有跨学科专业背景的人才。

第三节　高等教育学科建设及其内容

一、学科建设概述

（一）学科建设概念

学科的本质是知识体系，而知识作为一个抽象的概念，本身是无法进行建设的。所谓"学科建设"，实际上是针对承载学科这种知识体系的载体进行建设，它是在我国高等教育改革和发展过程中产生的一个特色概念，是指学科建设主体为了满足自身以及社会发展需要，依据学科发展规律并结合自身实际，采取多种措施和手段促进学科进步和发展的一种社会实践活动。简而言之，即建设学科或发展学科。理解学科建设的概念，应注意把握以下四个问题。

1.学科建设主体

学科建设主体是指担负学科生存发展职责的某种社会机构或组织。从某种意义上来说，学科建设主体主宰着学科的命运，对学科发展和进步具有直接的影响。严格意义上的学科建设主体并不仅限于高等学校，它应该是多元的，高等学校、科研院所、政府机构乃至民间组织（学会）都可以成为学科建设的主体。在不同的历史时期、不同的国家，社会上主流的学科建设主体是不同的。

应该指出的是，学科建设主体和学科的主体并不是同一个概念，学科主体是指学科内一批以从事学科活动为职业的专职学科工作者，是学科知识体系的直接研究者和传播者，职业化和专业化是现代学科主体的基本特征。而学科建设主体是独立于学科之外的一种组织形式而非具体的人，它通过资金投入、政策倾斜等方式直接影响着学科的生存和发展，或者可以称之为"学科投资主体"。

2.学科建设载体

实现学科发展和学科进步的就是学科建设载体。学科建设中的学科不是抽象概念，它具体化为一种特殊内在规则下的组织形式，突出表现为以一定的组织机构为依托，即学科建制，并按照一定的内在规律（或规则）运行，即学科制度。学科建制是学科发展的物化依托，学科制度是学科发展的精神保障，二者紧密联系，不可分割，共同构成了学科建设的载体。从某种意义上讲，学科建设更多的是围绕着这个载体进行的，即如何通过调整学科建制和完善学科制度来影响学科发展。

3. 学科建设客体

学科建设客体是指学科在自身研究领域内逐步形成的系统、独立、规范的知识体系，这是学科建设的终极目标和核心内涵，是一门学科之所以成为学科的标志。

作为学科建设客体的知识体系应该具备三个特征：一是独立性，这是一个学科区别于其他学科的本质特征；二是系统性，一个能被普遍接受和承认的学科，其知识体系不一定有多么庞杂，但必定完整而严密，具有极强的逻辑性，且能经受住实践或实验的检验；三是完整性，完整性不仅体现在学科知识的系统性上，还反映在整个学科研究过程的规范性上。明确的研究范围、适当的研究方法、路标式的文本和圆融贯通的理论体系是考察学科知识体系完整性的重要指标。

4. 学科发展与学科进步

学科发展既指学科的分化，又包括学科的交叉和综合。当前，随着学科建设的不断深入，学科综合化趋势已经逐渐占据了主导地位。学科进步不仅指学科整体水平的提高，还包括学科在某一方向或研究领域的进步和提高。学科发展和学科进步都可以看作学科建设过程中取得的阶段性成果，是学科知识体系创新和学术发展的外在表现。

（二）高校的学科建设及其特点

从理论上讲，高校学科建设只是学科建设的一个子概念，专指以高等院校为主体的学科建设。但在当今社会，学科作为高校的基本组成单位，其水平反映了高校整体水平和综合实力。学科建设已成为培育和增强高校竞争力的关键，是高等学校生存发展的生命线，是实现高校人才培养、科学研究及社会服务功能的根本保证。从国家战略的高度来看，一个国家高校学科建设的总体水平，反映了其政治、经济、文化、科技在全球的发展水平和势头。因此，高校学科建设受到了前所未有的重视，甚至成为学科建设的代名词。

学科建设问题是高校建设中最基本的问题，也是高校所有问题中最复杂、综合性最强的一个问题，可以说高等学校的一切问题都和这个问题密切相关。也正因为如此，在国外，很少有人把高等学校的学科建设问题作为一个单独的问题来进行研究，在外文中，甚至找不出与学科建设相对应的词语。但这并不等于说国外就没有人研究过学科建设问题。恰恰相反，不少国外学者在研究高等教育或高校问题时，都把学科建设问题作为一个重要方面来进行研究。他们不仅研究过高校的学科布局问题，还研究过如何提高高校学科水平的问题。

与其他类型的学科建设实践活动相比，高校的学科建设有其特殊性，主要表现在以下两个方面。

第一，培养人才是高校学科建设活动的主要目的之一。目的是职责的反映，学科建设的目的反映的是不同建设主体在社会发展中所扮演的角色和担负的社会职责。如政府的主要任务是维护社会稳定，促进社会发展，因此社会服务是它的主要目的；科研院所的主要任务是发展科学，进行科技开发，提高国家的科技竞争力，因此科学研究是它的主要目的；而高校的任务可以说是最为丰富的，兼具以上两个主体的任务，但不可否认的是所有的高校都有培养人才的职责。因此，培养人才是高校学科建设的主要目的之一，是不同于其他建设主体的特色功能。

第二，高校学科建设的内容较其他类型的学科建设活动更为丰富。学科建设活动一般包括确定学科方向、选拔学科带头人、组建学科梯队、调整学科结构、建设学科基地、营造学科环境等内容。高校学科建设除这些内容外，还包括专业建设、课程建设、学位点建设、师资队伍建设、校园文化建设等其他类型的学科建设所不具有的内容。

（三）建设重点学科

随着学位制度的规范化，为了促进学科的进一步发展，"重点学科"概念也就应运而生了。

建设重点学科，就是在有限的资源条件下，有重点地发展一批基础好，或适应社会需求的学科。这是一项符合国情的教育发展战略，是中国高等教育界在学科发展过程中的一个创造性决策。从内涵上来看，重点学科建设是学科建设的一个子概念，和非重点学科并列隶属于该概念之下。因此，重点学科建设，其实质是学科建设，但是作为优先发展的一批学科，重点学科应该具有良好的自身基础、雄厚的学术力量等优势，并以探索科学前沿知识和学科发展的良好模式为己任，带动非重点学科和相关研究生教育的共同发展。从外延上来看，由于受"重点"的限制，该概念的外延相对比较狭窄，局限于重点学科的研究范围之内，而非重点学科一般被排除在外。但是，该概念的交叉性强，与研究生教育、科学研究之间有较大部分的交叉。这是因为，重点学科建设的一项重要任务就是培养人才，而且能够入选重点学科的专业必须具有硕士和博士的授予权，所以，重视科学研究、人才培养和社会服务，三者之间相互促进、相互补充。

二、学科建设的内涵与外延

高校的学科建设是根据经济社会发展趋势和学科发展的内在规律，对学科体系与结构等进行科学规划，通过硬件的投入和软件的积累，培养高层次人才、加强学术创新和进行社会服务的一项系统工程。

目前，我国高校重点学科建设内容包括学术水平、学科队伍、人才培养、科学研究、条件建设、管理水平等。在重点学科建设这一背景下来理解学科：第一，在知识领域方面，学科体现了某一领域的专门知识。学科名称是不同学科知识体系区分的标志，根据学科名称可以区分不同的学科；第二，学科的任务是教学和科学研究。通过教学和科研活动，一方面进行人才培养，另一方面创造新的知识，进而丰富和发展该学科领域的知识体系；第三，学科在形式上是一种实体组织。包括一定数量的具有某一领域专业知识的人员（学科队伍），具备从事教学和科研的条件（实验室、仪器设备、经费、期刊图书资料等），有相应的管理制度。

学科建设的目的是促进学科学术水平的提高。在重点学科建设方面的内容中，学术水平体现在人才培养的素质和科学研究的水平上，高水平的学科才能培养出高素质的人才和进行高层次的科学研究。而学科学术水平的提升是通过不断探索、创造该学科新的知识——科学研究来实现的。因此，学科建设与科学研究之间有密不可分的关系，科学研究是学科建设中最关键的一环。学科队伍、条件建设和管理水平则属学科组织形式的范畴。科学研究是人类在一定环境下所从事的有目的的活动，学科人员的素质和学科条件决定学科科学研究的层次和水平；学科条件包括实验室、仪器设备、图书信息资料等，是学科进行科学研究的平台；管理水平决定着学科人员潜力发挥的程度、仪器设备的使用效率等。

综上所述，学科建设涉及学术发展、学科队伍、人才培养、科学研究、条件建设、管理水平等，也是一个不断发展积累的过程。高校学科建设即围绕学科知识领域，通过提高人员的素质、改善科研的条件、完善管理制度，进行有目的、有计划的科学研究，创造新知识和新技术，不断提升本学科学术水平。内涵反映对象的本质属性，外延则指对象的范围。学科建设注重知识的创新和系统化，就高校学科建设这一背景而言，提升学科学术水平是学科建设的目的。所以，学科建设的内涵在于创新知识，进而促进学术的发展。但高等学校的学科建设水平不仅反映在体现学术水平的科研成果上，还体现在培养德才兼备的高层次创新人才上，体现在解决经济建设和社会发展中的现实问题上，更体现在营造良好的学术环境等方面。因此，围绕知识创新和学术发展而开展的学科队伍建设、人才培养、科学研究、基地条件建设、管理的改革与完善及社会服务等则构成了学科建设之外延。

三、学科建设的内容与模式

（一）学科建设的基本内容

学科建设是一种活动、一种行为、一个过程，在这个活动中，知识始终处于中心位置，知识体系的构建是学科建设的核心内涵和永恒追求。如果说知识是学科建设的灵魂，那么孕育这个灵魂的组织、制度就是学科建设的躯壳。在以知识为中心的理念下，抽象的学科建设具体化为学科建制（组织）建设、学科制度建设。由学科建设的概念可知，学科建设的内容就是对学科载体（建制和制度）的建设。

学科建制是学科存在和发展的必要组织保障，它以一定的机构为依托，为学科主体提供一种基本的社会身份或社会标识范畴，是学科主体的依附和生存形态，也是学科建设客体的外在表现形式。一个完整的学科建制应该包含学科队伍、学术信息、研究平台三部分。

①学科队伍是学科的主体。形式上，它是由学科带头人以及其领导的学术梯队构成的。学科队伍是学科建设中最重要、最活跃的因素。是否拥有一支高素质的学科队伍直接决定着学科建设的质量和水平。客观上一支合理的学科队伍应该具有合理的年龄结构、学历结构、职称结构和学缘结构，但结构合理的队伍不等于优秀的队伍。除了成员结构外，共同的学科理念、优秀的学科带头人、强大的学科凝聚力等对建设高素质的学科队伍显得更为重要。

②学术信息是搭载学科知识的物化平台，是学科成员的主要操控对象，包括课程、教材、专著、论文、专利、项目、成果以及学术交流的频率和层次等。可以说学科成员的一切工作都是围绕学术信息（知识）这个中心开展的，他们不断接收信息，而后对其进行加工处理，最后以各种成果的方式输出信息（知识）。对本学科信息的吸收利用和处理创新的能力体现了一个学科的发展水平。

③研究平台指的是支持学科成员正常开展教学和科研工作的物质条件，包括经费、设备、场地（实验室、教研室、研究室等）、图书资料等。研究平台是学科活动的物质基础，是学科发展不可或缺的必要条件，限制和决定着学科的学术研究水平和人才培养的质量。近年来，国家对学科建设尤其是重点学科建设越来越重视，各级学科建设主体对学科的资金投入也越来越大，学科的研

究平台得到巨大提升。但硬件的扩充不等于实力的提升，是否以研究方向为导向、相应的平台管理机制是否健全也是衡量平台建设水平的重要指标。

（二）基于学科布局的学科建设模式

当代社会，大学与经济、社会发展有着比以往任何时代都更加紧密和直接的联系，一国大学学科建设的总体水平，反映了其政治、经济、文化、科技在世界上的发展水平和势头。大学学科建设的重要地位使"大学学科建设"受到了前所未有的重视。

但是，大学学科建设是一个具有高度综合性的系统工程，涉及多层次、多环节、多部门。如从建设主体来说，既有国家及相关部门从国家战略角度的建设布局，又有地方政府和院校结合自身实际的发展思路，还有相关专业学会及学科本身根据本学科知识体系的特点和要求做出的建设规划，层次不一，目的各异，每个建设主体都会通过政策干预、资源配置等多种手段影响学科发展。大学里的学科建设涉及团队建设、人才培养、科学研究、学术交流以及平台建设、制度创新甚至文化传承等多个环节，而每一个环节又会由学校的不同部门主管，除学科建设部门外，还会涉及人事部门、教务部门、本科生和研究生管理部门、科研管理部门、财务部门、实验室、图书馆等，甚至连基建和后勤管理部门也要参与其中。可以说，大学的一切事务都与学科建设密切相关。因此，研究大学的学科建设，就要从不同的层次和角度去考察影响学科发展的一切因素，去繁就简，总结归纳出一套行之有效并可被有效复制的学科建设模式。

目前对于大学学科建设模式的认识还没有统一，主要观点有两种：一种观点认为模式即结构，学科建设模式主要表现为学校的学科布局；另一种观点认为模式是方法，高等学校学科建设模式，就是指高校在实施学科建设的过程中形成的符合自身特点的建设路径和方法，包括学科特色、学科方向、学科梯队、学科基地、重点学科、项目建设以及学科组织管理方式等多个方面。两种观点各有侧重，第一种侧重"设"的模式，第二种强调"建"的模式。基于此，可以提炼出大学学科建设模式是阐述大学学科间相互关系的一种形式化结构，静态上描述了一所大学学科的规模、结构和水平，动态上反映了一所大学学科体系生成和演化的轨迹。

学科布局是指学科在大学的分布状况，它不仅决定了一所大学的学科结构，而且决定了大学的功能、特色，影响着学科水平的提升。因此，大学进行学科建设，首先要着手学科布局的调整。

1. 科学的目标定位

所谓定位，就是通过科学的调查研究，确定自己的位置和水平，明晰自己的能力和目标。每所大学都知道自己的目标是培养人才、发展科学、服务社会，但往往不清楚自己要培养什么层次、具有什么样的知识和能力结构的人才，发展什么科学以及在什么水平上发展这些科学，怎样服务社会和在什么领域、通过什么方式服务社会。所以，在学科建设的目标定位上，普遍存在片面追求"高、大、全"，相互模仿，缺乏个性的问题。如综合性、国际化、开放式、研究型、高水平、世界一流、国内一流等，成为学科建设定位上流行的术语。

高校的基础是前提，高校的职能是依据，高校的层次是参考。每所高等学校都有自己的发展历史，在发展过程中逐步形成了自己的传统和办学特色。经过多年的奋斗，也都有了各不相同的条件和实力。量力而为，发挥特色，是高校准确定位的前提。教学、科研、社会服务是现代大学的三大职能，但不同高校的职能又有不同的侧重。以主要职能为主，兼顾次要职能布局学科，是高校定位的主要依据。不同的层次级别意味着不同的建设目标，也就有着不同的建设力度，可以作为学校定位的外部参考。

2. 建构适度的综合学科体系

所谓综合化的学科体系，是指通过对不同学科门类学科的设置调整，促进不同学科的文化、精神、制度和思维方式交叉融合的学科布局。它是培养全面发展的人才的需要，是科学发展以综合为主的规律的要求，是社会服务的需要。不同学科门类之间互为基础，交叉渗透，相辅相成，有效地促进了学科进步、学科融合、学科交叉，扩大了高校的生存空间。

理论上，要建构综合化的学科体系，在学科布局上都应涵盖文科（人文社会艺术科学）、理科（自然科学学科）和工科（应用科学学科）三大学科门类。但综合化不等于学科门类齐全，更不是学科齐全。事实上，世界上很多高水平综合性大学的学科门类并不齐全。如哈佛大学、耶鲁大学、芝加哥大学没有工学院，普林斯顿大学没有医学院、商学院、法学院。不同层次和类型的学校，要根据自己的学科实际，有选择地调整学科布局，从而构建适度的综合学科体系。

（三）基于学科建设途径的学科建设模式

学科建设途径（方法），是学科建设者针对学科发展过程中各个关键环节所采取的具体建设措施，是学科建设研究者讨论最多的内容，视角不同，观点不一，方法多样。

1. 选择学科方向

学科方向主要是指学科学术研究方向，是支撑学科建设发展的学术研究领域。这一研究领域，既不是某个学者的个人研究志趣，也不是教学性研究的某种指向，而是立足学科、面向前沿、富集特色的待开发的研究领域。学科方向在学科建设中起着引领作用，是学科建设内容的核心和灵魂。学科能否做出创新性的成绩，选择合适的研究方向至关重要。一般而言，一个学科应该围绕其内涵并基于自身的优势特色设置三个以上的重点研究方向，不同方向之间的关系并不是孤立的，而是互为支撑、相辅相成的，最好能够涵盖本学科的基础研究和应用研究领域，保证学科的可持续发展，具体应把握以下四点。

（1）学科内涵是凝练学科方向的基础

学科内涵是学科知识体系中最本质的内容，是学科知识体系赖以存在的基础。内涵是评价学科方向科学性的标准。学科在从事学术研究的过程中，无论有几个研究方向或研究方向是什么，必然不能脱离学科的内涵。即使在学科发展过程中学科的外延不断地拓展，其发展的基础仍是本学科的内涵，而且越接近学科内涵的学术研究方向，就越容易出现创新和突破，促进本学科学术的发展。但是，某一学科的学术研究方向与学科内涵的关系，或学术研究方向在多大程度上接近学科内涵，并不是任何专家都能够判断的，必须由同学科或领域的专家来审视。这些同领域的专家既具备深厚宽广的专业知识，又具备专业研究相关的其他学科和相关技术方面的知识，系统地了解本专业的发展历史，能够预见或把握学科未来发展的趋势。总之，凝练学科方向的过程就是不断接近学科内涵或在内涵的基础上不断深入的过程。

（2）形成学科优势特色是学科方向发展的关键

作为知识体系的学科内涵是包罗万象的，涉及学科的基础、应用、前沿、交叉等诸多领域；同时学科内涵又是动态发展的，随着学科研究领域的扩大不断扩充着新的知识。作为在建制上相对有限的某一学科不可能同时全面掌握本学科所有的知识内涵。那么，结合学科自身的发展现状，在丰富的学科内涵中选取数个已经具备优势和（或）特色的领域作为研究方向进行重点突破，几乎成为所有学科不约而同的选择。因此，寻找本学科的优势特色领域是学科方向发展的关键。确立学科的优势特色方向应把握两个原则：首先，重视学科传统。创新源于特色，特色源于优势，优势源于传统。一般而言，学科的优势特色方向都是基于自身的历史文化、学术传统和发展现状确立的，这些是学科长期积累的成果，更是将来进一步发展的前提，无视这些基础，一味追赶潮流只能起到拔苗助长的作用。其次，发挥方向带头人的带动作用。有时一两个顶尖的学术骨干就足以带动整个学科的发展。因此把这些学术骨干树立为学科（学术）方向带头人，以他们的研究领域为中心确立学科的优势特色方向自然是促进学科快速发展的最佳选择。

（3）学术发展是衡量学科方向合理性的标尺

学科开展研究工作的目的是解决本学科有关的实践或理论难题，促进实践问题的解决或理论的创新和学术的发展。作为高校的基本单元，学科既承担着传播知识的重任，也肩负着创新知识的职责。而任何创新都不可能一蹴而就，需要学科长时间地努力探索，不断地积累，从量变到质变，才能水到渠成。在这一积累过程中，是否沿着科学合理的方向前进至关重要，它直接决定着学科发展创新的可能性。只有沿着科学合理的学科方向去努力付出，日积月累，才有可能在学科的某一方面产生突破和创新。凝练学科方向的目的是更好地促进本学科学术的发展和创新，关键在于学科沿此方向开展研究工作能否促进本学科学术的发展。在学科设定好方向之后，在其围绕方向所开展的研究工作过程中，短期的判定可依据其所发表的学术研究论文或出版的学术著作是否能得到同行专家的认可或公认进行。得到认可或公认，在一定程度上说明学科的工作方向是对的；如果得不到同行专家的认可，或少有人认可，学科就要进行认真反思，及时就学科研究方向进行讨论、调研和调整，使其能回到真正促进本学科学术发展和创新的轨道上来。

（4）符合社会需求是凝练学科方向的向导

学科方向的凝练应以社会发展需求为向导，所开展的研究工作应对促进经济社会的发展做出贡献。一门学科，其内涵虽然是固定的，但在发展中其衍生的外延则是不断扩展的，并且随着时间的推移和学科知识的不断积累，学科甚至可能再细化分类为两个或更多的学科。这是由学科学术研究越来越深入和细致的特点和规律所决定的。那么，如何针对学科内涵拓展研究领域，则不能孤立进行，除了吸收前人的研究成果和汲取当代其他相关学科和技术的成果之外，朝向哪个方向去发展，更应考虑到经济社会的发展需求，有需求才有市场，才有发展的必要。因此，学科建设应遵循适应性原则，即适应国家和地区经济社会发展的需要，适应行业产业结构调整和技术升级的需要，适应经济全球化和国际经济竞争的需要。

2. 凝聚学科队伍

学科队伍是学科的主体，是学科建设中最核心的因素，是学科建设的根本保障，学科建设的质量和水平取决于是否拥有一支高素质的学科队伍。纵观国内外建设成绩突出的各类学科，无一例外地拥有一支优秀的学科队伍。建设和衡量一支高水平的学科队伍需要把握好以下内容。

（1）合理性是建设学科队伍的主要指标

目前，学科队伍的合理性往往从年龄结构、学历结构、职称结构和学缘结构四个方面来衡量。学科组成人员确定，队伍结构也就稳定。但结构合理的队伍不一定就是真正合理的队伍，学科建设运行当中的一些因素，如学科理念、学科带头人、学术梯队、学科凝聚力等也与学科队伍建设的合理性密切相关。

①学科理念。理念即人们对某一事物或现象的理性认识、理想追求及其所形成的观念体系，是人们对社会和自然现象的认识和看法。理念是属于人的精神层面的一种信仰，可内化为人们行事时所遵从的一种原则。高校有高校的办学理念，办学理念是高校生存发展的灵魂，是高校办学特色与精神文化的精髓和象征。学科理念是学科建设工作者共同的价值追求，是学科建设的灵魂，学科最重要的理念是学科的特色性、前沿性、综合性、交叉性、生态性等。

②学科带头人。学科带头人是学科建设工作的灵魂人物，把握着某一时段学科建设的方向，带领着学科队伍从事创新性的学术研究工作。学科带头人在学科建设中的作用举足轻重，作为一个团队的标志，学科带头人除了具有本学科坚实的理论基础、较宽的相关学科知识面、很强的研究能力、开阔的视野、敏锐的洞察力、把握学科发展方向的能力外，还要具有较高的组织协调能力，能够凝心聚力，更要具有高尚的道德情操、宽广的胸怀、包容的心胸，能够提携后进，使学科人员快速成长。总之，学科带头人要以学术树立自己的权威，以德行建立自己的声望，才能获得学科人员的认可和尊重，才能带领学科人员朝着规划的目标不断前进。

③学术梯队。学术梯队也是学科的软实力之一。学科学术梯队的水平直接影响着学科水平和学科发展。学术梯队的合理性不仅体现在年龄、学历、职称等结构的合理上，更重要的是表现为学术发展的传承性或学术研究的持续性。学术发展有其自身的规律，具有传承性和积累性。而传承是积累的前提，学术研究能够取得大的突破和成绩，往往是多人甚至几代人接力研究的结果。没有很好的传承，没有一定的积累，做出成绩是很困难的。而学术梯队正是传承学术的载体，学科带头人、后备带头人、学科学术骨干，这些人员在长期的学术研究中不但建立了良好的团结协作关系，更重要的是在研究过程中对研究领域有了深刻的认识，形成较为一致的观点，这是学术研究得以传承的基础。

④学科凝聚力。学科凝聚力的强弱是判断一个学科队伍素质的重要指标，

一个学科队伍如果整个集体缺乏团结协作精神，没有凝聚力，即使每一个人学历水平都很高，也很难做出突出的成绩。随着科学技术的飞速发展，学术分工越来越细，一个人单打独斗的时代已成为历史。分工越细，越凸显合作的重要性。学科队伍的每一个成员都要有集体协作的意识，这也是个人素质的一部分。当然，影响学科凝聚力的因素有很多，包括学科管理机制、带头人的学术权威和个人魅力、共同的志趣等。凝聚力是一种无形的精神力量，学科队伍的凝聚力包括学科对成员的吸引力、成员对学科的向心力，以及学科成员之间的相互吸引力。形成凝聚力的基础是学科成员自觉的内心动力和共同的价值观。强大的学科凝聚力会使学科成员有一种归属感，既是维持学科存在的必要条件，也是学科队伍充分发挥潜能的基础。

（2）学科方向是汇聚学科队伍的依据

学科方向即学科人员从事学术研究的方向，一个学科的学术可以从多个角度开展研究工作，可以分化出很多个研究方向。同一学科专业人员的知识结构可能不尽相同，其所擅长的研究方法和技术或感兴趣的研究方向也有所不同。学科方向是学科的灵魂，是学科人员从事科学研究工作的强大动力和精神支柱。因此，学科方向是汇聚学科队伍的依据。

理论上，每一个学科都应有3～5个重点研究方向，不同方向的知识体系之间应能取长补短，互为支撑，共同发展。随着学科方向建设的不断成熟，每一个方向都应具备分化为独立学科的潜力。所以，对于学科方向队伍的建设也应该像学科队伍建设一样精心布局、合理搭配。尤其是对于方向带头人的选择，从某种意义上决定了学科内该研究方向的命运和前景。事实上，一个学科的学科带头人也就是该学科主要研究方向的带头人。

一个学科要吸引优秀的人才投身于学科建设事业，首先，其研究方向要有良好的前景，能够吸引人从事此方向工作。只有学科人员自觉自愿从事的研究方向才能激发其最大的热情和活力，这也是方向做出创新性成果的内在因素；其次，学科带头人要根据从事学术研究所需要的技术方法和知识结构选择学科研究人员。在学科学术研究过程中，所需要的人才是多方面的，如专业知识方面的人才、实验技术方面的人才、统计学方面的人才，甚至其他相关专业方面的人才等，在有可能的条件下，学科所需的这些人才要尽可能齐全，这是形成良好学术团队的基础。

（3）管理机制是稳定学科队伍的保障

凝练了良好的学科方向，汇聚了优秀的学科队伍，还要有好的管理机制。学术发展规律的持续性和积累性特点，要求必须有一支稳定的学术研究队伍或学科队伍作为保障，合理稳定的学术梯队才能保证学术研究的持续性，才能支持学术研究的继承与创新。这就要求学科必须建立良好的管理机制，使得学科人员能够人尽其才，充分发挥每个学科人员的学术特长。

良好的学科管理机制应包括两部分内容：一是学科人员成长发展机制。包括职称、学历的提升和学术方面的进步，学科要制订一个青年人员长期的培养或培训计划，要形成制度，促使青年人员通过外出进修、培训、访学等不断拓宽自身的学术视野、提升学术研究能力、提高学术研究水平。二是学科激励机制。鼓励青年人脱颖而出，要有相应的激励措施。引入绩效管理理念，采取明晰的绩效评价方法，对学科人员潜能的开发和绩效的提升具有重要意义，有利于全员参与，多向沟通，促进整体和个体共同发展。对在学术研究中做出突出贡献的人员给予相应的待遇，让大家能够沉下心来从事学术研究工作，愿为学科做出贡献。

3. 建设学科基地

学科基地是学科人员开展科学研究工作的平台，是学科汇聚人才队伍、开展科学研究、进行人才培养的舞台，更是学科知识创新和进入当代国际科学研究前沿的重要基础条件。学科基地包括学科实验室、实验中心、创新平台、专业平台等一切为学科服务的载体。目前我国高校学科基地建设中，普遍存在设备利用率低、低水平重复购置和缺乏与学科建设相适应的基地管理队伍的问题。破解这些难题，需注意以下三点。

（1）以学科方向为导向，建设学科基地

学科基地作为学科建设的关键因素之一，是学科组织活动、科学研究和人才培养的载体。一个学科该怎样建设基地，建设什么样的基地，根本的出发点是基于学科建设发展的需要，即围绕学科方向或学术研究方向进行基地建设。基地建设工作就是要不断完善学科学术研究所需要的方法，增添或更新所需的仪器设备。虽然不同学科的专业特点和学科特色不同，开展学术研究的方法和需要的仪器设备也有差异，但同一学科或比较成熟的学科，其学科方向在相当长一段时间内应该是稳定的，这就决定了学科所开展的研究工作在一定时期内也是相对固定的。

学科基地建设包括实验室、仪器设备等硬件环境建设和体制、制度等软环境建设，硬件环境是学科从事科学研究的平台，软环境是学科建设发展的促进剂。一是要随着科学技术的发展，注意实验设备的更新换代，提高实验装备的质量，提升实验水平，发挥实验室的教学演示和科学研究的整体功能，为提高教学质量，加强学科建设和吸引、稳定高层次人才打造创新基地；二是要加强学科基地的专业图书资料室、专业数据库和基础数据库以及多种文字互联网站（页）建设，提高文献资料管理和信息化服务水平，改进研究手段，促进学科建设提升层次和水平。

（2）多渠道筹集经费，完善学科基地建设

学科基地建设需要巨大的经费投入，如何解决学科基地在建设过程中面临的经费困难也是需要认真考虑的问题。尤其是学科在发展之初，基础比较薄弱的情况下，更要积极采取措施，多渠道争取建设资金：一是争取学校的经费支持。目前，以学科建设为龙头的高校建设发展理念已经形成，各高校都对学科建设给予高度重视，也都投入了相当的经费支持学科建设工作。学科只要有科学的建设理念和目标，学校都会给予大力的支持。因此，学科负责人应对本学科基地建设进行全面深入的考虑，并组织专家进行充分论证，拿出合理的建设方案，争取学校建设资金。二是争取省级及以上的财政支持。主要是申报重点学科和优势特色学科立项建设，同时依托学科平台积极申报各类教学、科研项目，高级别人才建设项目，高级别教学、科研团队以及各类省级财政专项。三是争取横向经费支持。依托学科自身科研或技术优势，与有相关需求和资金储备的企业、政府、科研院所甚至其他高校联合起来，针对某一课题进行联合攻关，共建产学研基地或协同创新中心。一些高校的实践证明，学校利用自身的科研和人才优势与企业合作，通过共建研发中心这个载体，能使校企双方由最初简单的优势互补走向双赢。四是争取科研项目经费的支持。学科承担着高校创新知识的重任，要积极开展本学科学术研究工作，积极申报各类科研项目，争取项目经费，以项目研究的形式支持学科基地建设。

（3）重视学科管理，科学运营学科基地

学科基地的管理也是基地建设的重要组成部分，管理的水平决定着学科能否充分利用这一平台，更好地为学科学术研究和人才培养服务。学科基地的管理包括仪器设备的硬件管理和制度建设等环境管理。仪器设备的管理即仪器设备的运行和维护，尤其是大型的仪器设备，需要专业的操作技术，应有固定的、经过培训的专业人员来进行操作和日常的维护，并作为该仪器设备的责任人，责任人应保证仪器设备的正常运转，服从仪器设备在教学、科研以及对外服务方面的总体管理和安排。这一环节至关重要，学科人员在进行科学研究的过程中不可能对所需的每一件仪器设备都能熟练操作。这就要求学科基地有一支专业的实验室管理队伍，掌握相应的实验技术，熟悉相关仪器设备的操作方法，能够满足学科人员的研究需求。这将极大地缩短项目完成时间，提高项目实施的效率，进而高效地促进学科学术研究的开展。制度建设方面应积极创造有利于调动学科基地管理人员的积极性、有利于科研项目进基地的环境，形成浓厚的学科学术研究氛围。此外还应当加强学风建设、职业道德建设、诚信建设等，着力营造自由、民主的学术氛围，为学科人员创造宽松的学术空间。同时，也要加强学术道德建设，防止不良学风的滋生和蔓延。

4. 其他学科建设途径

（1）制订建设规划

学科建设规划是学科建设发展的方向，是学科未来一段时间的建设指南。目标是学科通过一阶段的建设所要努力达到的水平。任务则是保证实现这一发展目标的具体要求。因此，要保证学科建设富有成效，必须有科学的规划、合理的目标及与目标相匹配的任务。

学科建设规划是相对宏观的一种建设方针，也是学科建设理念的体现。建设一个学科，一要立足于学科当前的实际情况，了解本学科在国内外同领域所处的水平及其优势和不足，通过横向的比较，进行合理的定位；二要经过广泛调研和严密论证，结合学科与社会发展，找出本学科发展的方向。在此基础上，制订本学科长期建设规划。这种长期的建设规划既要有一定的稳定性，又要随着学科发展和社会发展需要的变化而适时进行调整。稳定性是学科经过建设和积累取得成绩的保证，适时调整则保证了学科建设发展与社会发展同步，使学科的发展与社会的发展紧密结合，从而使学科建设的成果能更好地服务于社会。因此，学科建设规划是一种动态的战略规划。另外，作为对学科建设发挥长期指导作用的规划，既要有长期的规划，又要有短期的规划。长期规划是学科大的、长期的战略方针；短期规划则是阶段性的，是一段时期内学科的具体建设计划，这一计划往往要有具体合理的目标和任务与之相匹配。

目前，各类重点学科在建设之初均有设计目标任务，这一目标任务很具体，如建设期内承担多少项科研项目、获得多少奖项、发表多少篇论文，以及硬件条件的改善要达到的水平等。学科在设计具体目标任务时一定要结合本学科的实际，量力而行，尽力而为，切实通过目标建设达到促进学科发展的目的。如果长期的规划属于战略问题，短期的规划就是战术问题。所以，在学科建设过程中，既要重视长期战略规划，又要重视阶段性的战术计划。积跬步方能至千里，学科长期建设规划及目标正是通过一个个阶段性目标任务的完成而逐步实现的。

（2）注重项目建设

项目是学科建设的突破口，也是学科建设的得力"抓手"。得到重大项目的资助，不仅是对学科已有建设基础的肯定，更意味着学科未来在人才培养、科学研究、基地建设等方面将会取得更大的成果，有利于学科的发展和进步。项目不仅指科研项目，专业、学位点、重点实验室、重点学科、精品课程、优秀博士论文等都可以看作学科建设的项目。项目获取的过程，实际上也是学校的学科水平得到国内外同行专家认可的过程。

（3）完善学科制度

学科制度是学科建设的主体为保障学科建设的顺利进行，通过一定的程序制定的一系列规则、规定。学科制度针对的是学科主体，即学科成员。学科制度是现代大学制度的核心，它包括组织制度、计划制度、资源分配制度、执行制度、检查评估制度、奖惩制度等。通过完善学科制度，学科能够实现培育学科成员、规范学科秩序、激励学科创新等功能，最终保障学科学术研究的可持续发展。我国不少大学在学科制度建设上存在突出问题，如制度不健全、不完善，甚至与国家有关法律法规相抵触。尤其是当前形势下，随着我国对学科建设工作的重视，各级学科建设主体对学科的经费投入越来越大，而与之相对应的学科经费管理制度却没有得到相应的完善，导致经费投入和学科绩效产出显得越来越不平衡。今后随着依法治校的加强，这方面的问题将会更加突出。所以，学科建设必须重视建立完善的学科制度。

（4）建设学科文化

近年来，学科文化建设被越来越多的学科建设者所认识和讨论。所谓学科文化，是指在学科长期的建设过程中逐步形成的独特的文化形式，它集中体现在学科的特有语言、学科理念、价值标准、思维方式、伦理规范等方面，彰显了学科的建设方针、风格和品味，还包含学科所在校园的文化精髓。通过学科文化建设，可以产生比学科制度更加强烈的感染、激励和规范作用，促使学科成员产生强烈的归属感、荣誉感和责任感，把学科建设提升到一个更加"高尚"的境界。

建设学科文化的方法有很多。一是可以确立一个符合本学科建设目标和建设方针的校训。如清华大学的"自强不息，厚德载物"，复旦大学的"博学而笃志，切问而近思"。二是开展丰富多彩的文化建设活动。例如，北京印刷学院2019年12月30日举办的"一带一路，心心相印"留学生文艺汇演活动，活动充分体现了学校跨文化交流与教育的成果，是国际教育学院全体教师和留学生精神风貌的集中展示。三是加强学科的制度建设。学科文化和学科制度的关系就像社会中的道德与法律一样，二者不可分割，没有制度规范的文化和没有文化内涵的冰冷制度都是难以成立的。四是充分利用各种媒介，加强宣传教育。如将本学科的前辈名人用画像、刻石等充分展示，将学科训诫印制在宣传栏、纸张甚至一次性纸杯上，使学科文化在不知不觉中深入人心，规范言行。

第五章　高等教育人才培养模式与应用型本科人才培养研究

随着经济社会的发展，以及我国高等教育步入大众化阶段，社会对人才需求的多样化，高等教育的培养方式和培养目标均呈现出多样化趋势。本章内容包括高等教育人才培养模式的产生与内涵、应用型人才及应用型本科人才培养探析、高等教育应用型本科人才培养模式构建。

第一节　高等教育人才培养模式的产生与内涵

人才培养模式改革是高等学校教育教学改革中带有全局性、系统性的工作，一直以来都是我国高等教育不同历史时期教学改革工作的重点和关键。在高等教育大众化发展阶段，我国高等学校如何走出人才培养目标同质化、人才培养模式统一化的发展误区，构建适应我国经济社会发展需要以及学校办学实际的人才培养模式，成为高等学校深化教育教学改革的关键问题。

一、高等教育人才培养模式的产生

"人才培养模式"的提出与我国 20 世纪 80 年代开始的高等教育体制改革有密切联系。一定程度上，"人才培养模式"是我国高等教育整体改革实践的产物，不同历史时期的人才培养模式也是我国高等教育改革与发展历程的重要见证。

随着现代科学既高度分化又高度综合，社会职业结构不断分化重组以及知识增长速度加快，知识的老化和更新周期进一步缩短，按行业甚至按岗位、产品设置对口专业的过度专业化的人才培养模式所带来的专业口径过窄、人才适应性差成为高等学校人才培养的主要弊端，要求高等教育人才培养模式变革的呼声开始出现。在高等教育诸多的改革中，教学改革是核心；而在教学改革中，教学内容和课程体系的改革是重点和难点，也是人才培养模式改革的核心内容。

1996 年，第八届全国人民代表大会第四次会议批准的《中华人民共和国国民经济和社会发展"九五"计划和 2010 年远景目标纲要》指出，高等教育要改革人才培养模式，由应试教育向全面素质教育转变。这样，人才培养模式作为我国教育教学改革的重要内容首次载入我国国民经济和社会发展纲要，被赋予了至高的教育教学改革地位。

1998 年，教育部在《关于深化教学改革，培养适应 21 世纪需要的高质量人才的意见》中，对"人才培养模式"的内涵进行了正式界定，指出"人才培养模式是学校为学生构建的知识、能力、素质结构，以及实现这种结构的方式，它从根本上规定了人才特征并集中地体现了教育思想和教育观念"。这是我国高等教育管理权威部门首次对人才培养模式这一概念所下的官方定义，意义重大，影响深远，成为我国高等学校人才培养模式改革的一项重要理论依据。

对人才培养模式所下的定义：在一定的教育思想和教育理论指导下，为实现培养目标而采取的培养过程的某种标准构造式样和运行方式，它们在实践中形成了一定的风格或特征，具有明显的系统性。

二、高等教育人才培养模式的内涵

由于我国人才培养模式的改革和研究始于"多出人才、出好人才"的高等教育教学改革的现实需要，人才培养模式的构建与改革也总是围绕"培养什么样的人""怎样培养人"这两个基本方面展开。所以，关于人才培养模式的表述虽然多种多样，但是人们对于人才培养模式的内涵有基本的共识，即人才培养模式应包括人才培养目标、过程、途径、方式、制度等要素。

从人才培养模式的范畴来看，人才培养模式既不是一般的办学模式，也不是具体的教学模式。办学模式是一个涉及办学体制、管理体制、投资体制、招生与就业体制、校内管理体制等制度结构，以及教学、科研、社会服务等办学功能的外延宽泛的概念。高等教育办学模式的改革必然会引起人才培养模式的变革，如我国高等学校"面向社会、依法自主办学"办学体制的改革直接导致了"厚基础、宽口径"人才培养模式的兴起。教学模式是一个由教学环境、教学内容、教学方法与手段、教学主体等要素组成的教学活动过程的概念，是人才培养模式的一个重要组成部分。

凡是能够称为"模式"的，必然是系统性、结构化了的，经过高度提炼的，具有"范式"和"典型"意义的事物。因此，人才培养模式不只是培养理念、培养目标、专业设置、培养途径、培养体系、培养机制等要素的简单组合，而是一个由有机的系统构成，并在人才培养实践中形成的定型化范式。所以，人才培养模式是在一定的教育理念指导下，高等学校为实现人才培养目标而采取的培养体系、培养途径和培养机制的定型化范式，其内涵应包括以下几方面。

第一，培养理念。培养理念是人才培养模式构建的指导思想，是人才培养模式的灵魂，决定着培养目标、培养途径、培养体系以及培养机制等。高等学校要根据经济社会发展对人才培养的现实需要，遵循高等教育发展规律，注重素质教育，树立富有时代特征的人才培养理念。

第二，培养目标。培养目标是教育实践活动过程中具有先决性质的核心概念，是整个人才培养模式构建的出发点和依据，也是学校教育教学活动的最终归宿。高等学校要根据办学目标定位、社会人才需求、服务面向定位、生源特征以及学校办学条件，确立合理的人才培养目标。

第三，专业设置。专业设置和专业结构调整是人才培养的基本前提，用专业的方式组织教学是我国高等学校人才培养的重要特征。高等学校要根据区域经济社会发展需求、学校办学目标定位以及学校办学实际合理设置专业，优化专业布局，加强专业内涵建设。

第四，培养途径。教学方法、手段与组织形式的改革是实现培养目标，落实人才培养模式，提高教育质量的重要因素。高等学校要根据专业的人才培养体系，选择有利于实现培养目标的人才培养途径，包括教学方法、教学手段以及各种具体的教学模式。

第五，培养体系。培养体系是整个人才培养模式的核心内容，"教学内容、课程体系的改革是人才培养模式改革的主要落脚点"，是人才培养模式的具体表现和主体。高等学校要根据人才培养目标，优化课程体系和教学内容，形成符合人才培养的知识、能力、素质结构要求的培养体系。

第六，培养机制。培养机制是人才培养活动科学有序开展的重要保证。因此，高等学校要围绕培养目标和培养体系，完善教学管理制度，健全教学评价机制，加强教学质量监控，稳步提高人才培养质量。

当然，将人才培养模式划分出不同的要素是基于讨论和研究的需要，事实上有些人才培养中的要素既可以说是体系，也可以说是途径，还可能涉及制度。因此，在后续的讨论中，由于讨论的重点和角度的差异，很多要素将会在不同场合多次出现。

第二节 应用型人才及应用型本科人才培养探析

一、应用型人才概述

（一）应用型人才的内涵分析

应用型人才概念的提出，是科技发展促进社会分工不断细化的结果。农业和畜牧业的分工、手工业从农业中分离出来、商人形成一个独立的社会阶层是人类历史上三次影响重大的社会分工。科学技术工作成为单独的行业标志着人类历史上出现了第四次社会大分工。在科学技术工作内部，就所需人才而言，又可以分为发现知识的研究性人才、运用知识的应用型人才和完成具体操作的技能型人才。应用型人才主要是在一定的理论规范指导下，从事非学术研究性工作，其任务是将抽象的理论符号转换成具体操作构思或产品构型，将知识应用于实践。

学术型人才的主要任务是将自然科学和社会科学领域中的客观规律转化为科学原理；应用型人才的主要任务是将科学原理直接应用于社会实践领域，从而为社会创造直接的经济利益和物质财富。应用型人才的核心是"用"，本质是学以致用，"用"的基础是掌握知识与能力，"用"的对象是社会实践，"用"的目的是满足社会需求、推动社会进步。

新型工业化的特征是科技含量高、经济效益好、资源消耗低、环境污染少、人力资源优势得到充分发挥。经济发展从要素驱动、投资驱动转向创新驱动，必须有大量专业基础扎实、技术实力雄厚、实践能力突出、真正学以致用的高素质应用型人才作为支撑。中国工程院潘云鹤院士指出，我国经济社会发展迫切需要高校培养三类人才：①理论＋技术实践＋多专业知识交叉应用的技术集成创新人才；②理论＋技术实践＋创新设计的产品创意设计人才；③理论＋技术实践＋创业市场能力的工程经营管理人才。应用型人才的本质内涵是科学技术转化为现实生产力的重要桥梁，是高等教育应用价值的直接载体，是"智慧"转化为"实惠"的关键所在。

（二）应用型人才的层次分析

作为一种独立的人才类型，应用型人才具有分层体系，大致分为应用型本科人才和应用型高端人才，其中，应用型高端人才主要指应用型硕士和博士。相较而言，应用型本科人才更多地偏向知识和理论的基本应用，应用型高端人才则在进行知识应用的同时，侧重于应用型科学研究，能够掌握核心技术，推动应用科学技术质的发展，在应用理论的创新方面发挥作用，取得突破。

因此，应用型人才体系就应当包含高技能型人才、应用型本科人才和应用型高端人才，对应的高等教育培养体系由高职、应用型本科、专业硕士、专业博士四个层次组成，当前我国政府正高度重视、积极构建此应用型人才培养体系。从职能、目的、需求量、培养方式、知识结构、能力结构、素质结构等维度将学术型人才、技能型人才和应用型人才进行了严格区分，这里仅以职能、知识结构、能力结构为例。

由于学术型人才关注在自然科学、社会科学、人文科学领域发现和研究客观规律，偏重理论学习，其知识结构更依赖学科，具有系统性和理论性特征，科研能力、创新能力比较突出。技能型人才倾向于围绕岗位的具体应用，强调对职业技能的掌握，理论知识"够用"即可，不要求知识结构的系统性和完整性。应用型人才则介于二者之间，与学术型本科人才相比，应用型本科人才相对于科学知识更注重技术知识，相对于理论研究更注重技术应用，相对于升学深造更注重职业需求，其培养特征是学术性与职业性的有机统一。与技能型本科人才相比，应用型本科人才更强调扎实的理论教育，强调技术体系知识的系统性和完整性，强调应用科学研究的能力，强调后续职业发展潜力。

应用型是高等教育发展到一定阶段的必然取向。传统的高等教育往往具有精英主义气质。随着高等教育规模的扩大，尤其是大众化和普及化的到来，整个高等教育从学术型和研究型转向应用型已是大势所趋。因此，对应用型人才培养尤其是对应用型本科人才的培养有必要进行深入研究与探讨。

二、应用型本科人才的培养

（一）应用型本科人才的规格

应用型本科人才是在本科专业学科基本规范的基础上注重人才的岗位性和职业性要求的本科人才，要求他们具有本科底蕴，实践能力强，专业特长突出，是通才基础上的专才。应用型本科人才在知识结构方面以行业与职业需求为本位，以技术体系为依据，自然科学与人文社会科学交融，显性知识与隐性知识并重渗透，形成复合性、动态性和先进性的知识结构。

在能力结构方面，应用型本科人才应该具备较强的分析和解决实际问题的能力、较强的专业实践能力、一定的创新创造能力、必要的社会适应能力和终身学习能力。

在综合素质方面，除了法律、品德、仁爱、诚信、社会责任、团队合作等基本规范要求外，还应特别强调职业素养，这是职业内在规范和要求，在职业过程中表现出来的综合品质，是应用型各类人才培养规格的"通行证"，包括职业道德、职业技能、职业行为、职业作风和职业意识等。因此，应用型本科人才的培养规格应该是基础扎实、知识面宽、具有较强应用能力和职业能力的专门人才。

（二）应用型本科人才培养的内容

1.人才培养的模式

由于应用型本科人才具有区别于其他人才的众多特征，在培养过程中就必须构建区别于其他人才培养的不同模式。近年来，很多致力于应用型人才培养的高校积极开展应用型本科人才培养理论与实践的探索，借鉴国际先进教育理念，学习先进教育方法，结合我国实际，提出了独到见解。

模式的基本要素和本质内涵是一致的，概括起来，可以将应用型本科人才培养的基本模式进行如下表述：遵循本科教育的基本规律，在本科教育的基本理论知识要求上，按照行业的职业规范确定人才标准，特别注重人才的能力培养和实践性要求，以技术体系为依据构建人才培养的课程内容体系，以胜任人才培养为原则构建"双师"结构、多元组成的教师队伍，以加强能力培养为目的构建"做学结合"的教学方法体系，以满足社会需求为目标构建"多样化"的学习评价体系和"市场化"的人才评价体系，所有这些要素的达成必须坚持产学研相融，走校企合作教育的道路。

2.人才培养的教师队伍

教师队伍关系到应用型本科人才培养的质量和水平，对于以应用型人才培养为主的本科院校而言，要求教师队伍除了常规的学历、职称、年龄结构外，还应具备合理的能力结构，要求教师具有"一德三能"，即高尚师德、优秀教学能力、科研能力和工程实践能力，其中工程实践能力就要求大多数的专业教师具有企业经历或掌握相关职业技能；要求教师多元化，即学校要定期聘请一定数量的来自科研院所、大型企业的资深专家作为学校的外聘教师。当前工程实践能力不足是应用型本科院校教师队伍普遍存在的突出问题，学校应当采用"内培外引"的方式加快教师工程实践能力的提升。

3.人才培养的课程内容体系

课程是教学的科目，是教学的内容和进程，是实现专业培养目标的基本单元，专业的人才培养主要是通过课程教学来实现的。应用型本科院校的课程体系具有自身的特点：是以技术体系为依据的课程内容体系，在"基础扎实、口径适当、增强能力、注重实践"目标的指导下，强调理论的应用性、技术的先进性。行业发展趋势、技术进步动态、市场需求呼声是应用型本科人才课程内容体系建设的"催化剂"，课程内容的应用性、实践性、可雇佣性是应用型人才培养过程中区别于传统本科人才课程体系中的探究性、理论性和学术性的显著特征。

4.人才培养的教学方法体系

对应用型人才培养而言，其教学方法体系应在大力提倡启发式教学、互动式教学、基于问题的教学、案例教学等先进教学方法的基础上，进一步强调做中学、做中研、做中创；突出项目教学和企业实习环节。这就要求在应用型人才培养过程中，特别是在日常教学环节中，必须改变过去课堂中心、知识中心、教材中心的惯性思维，密切关注行业发展动态，实时关注技术发展的趋势，做到知识与技术的融合，理论和实践的结合，学习和实训的整合，学生能力与市场需求的契合。

5.人才培养的质量评价体系

人才培养的质量评价体系，是保障人才培养目标顺利实现、提升学生就业竞争力的关键。对学生而言，人才培养的质量评价体系，是促使自身明确学习方向、提升学习效率的坐标。应用型人才培养的质量评价体系，其根本着眼点在于增强学生理论联系实际、解决实践问题的综合能力，这就要求此类院校对传统人才培养质量评价体系做出必要的调整。

第一，对学生的学习评价要推行评价方法多样、成绩构成分段、评价主体多元等有效措施，促使课程考核从评价"分数高低"向评价"能力大小"转变，学位论文或毕业设计从注重理论研究向注重应用创新转变。应用型本科院校应当以能力培养为导向，根据不同课程、不同教学环节的特点，采用笔试、答辩、课程论文、综合评价等多种学习评价方法，致力消除传统考试重知识、轻能力，重结果、轻过程的弊端，通过评价的导向作用，促进教学方法和学习方法的转变，把学生学习的着眼点从死记硬背转向活学活用、强化能力。

第二，对毕业生的质量评价以市场检验为标准，以就业率和就业质量为主要评价指标。应用型本科人才定位在行业，用人单位是最有发言权的评价主体，市场就是应用型本科人才培养质量的考场。市场对毕业生的质量进行评价和检验，应融合在整个人才培养的过程中。对于学生毕业前的实习实训、毕业论文或毕业设计完成标准等一系列与培养质量相关的指标体系的确立，都应该由学校和行业企业在充分互动、多元参与、彼此协商的基础上共同完成。

6.坚持产学研相融，推行校企合作

产学研相融是应用型本科院校开展应用型人才培养、推动事业发展的力量源泉，校企合作是应用型人才培养的必然途径。应用型本科院校唯有大力推进产学研结合、相融，才能不断提高科研水平和服务社会的能力，才能建设一支高水平的应用型教师队伍。应用型人才的特征决定了其培养必须走校企合作教育的道路，校企合作教育应当包括以下内容。

第一，坚持产学研结合，与业界密切合作，大力开展应用科研，发展应用型学科，提升教师的科研能力，支撑应用型本科人才培养。

第二，联合业界共建育人平台、共组教学团队、共享设备资源、共建实训基地，联合实施教学，与行业企业建立全方位、多层次的合作关系，形成与人才培养目标相适应的优质资源环境，建立协同培养、共同发展的新体制。

总之，应用型本科人才的培养，是经济社会转型升级的需要，也是高等院校明确自身办学定位，谋求理性发展的必然。应用型本科院校的人才培养模式，必须立足于自身"服务地方经济发展，满足行业企业需求，提升课程可雇佣性，增强学生就业能力"的培养目标，打破传统人才培养模式的束缚，改变教育目标模糊不清、学生就业方向不够明确、片面强调理论知识、学生解决问题能力薄弱的现状，努力培养具备较强社会适应能力，尤其是职业适应和发展能力，满足经济社会发展需要的应用型本科人才。

三、国内外应用型本科人才培养模式

（一）国外应用型本科人才培养模式

1.英国的应用型本科人才培养模式

英国为突出学生的技术应用和开发能力的培养，以多科技术学院为代表的应用型本科教育主要培养技术工程师，技术工程师是将特许工程师的意图转化为实际的工作者。他们是工程技术人员群体活动的计划者，负责每日的工作安排，对日常的技术问题要找出切实的解决方法，有的技术工程师要进入管理和监督岗位。强调理论联系实际，同时保留一些传统特点。根据社会经济科技发展的需要，重视实际技术的运用能力与劳动就业，新开设一些新兴学科，但办学方针、教学体系、培养目标和学制均和传统大学一样。

课程设置灵活，内容精练适用，结合各地区工商服务行业发展和科技发展的最新动态不断调整，让学生掌握最新知识内容。很多科系和专业是传统大学不开办的，学生选课自主性强。课程开设形式多样，有全日制课程，工读交替制课程，脱产短训、夜校和部分时间制课程等。

强调市场调节的作用，建立了职业资格证书体系，各种证书的价值由市场做出裁决，即哪种证书受广大市民喜欢，哪种证书权威性就大。"工读交替"是英国应用型本科教育最常用的培养模式，也称"三明治"式模式，即学生前两年和第四年在学校学习、考试，第三年去企业或政府有关部门实习工作并获得报酬。这种方式将课堂教学与实际工作锻炼分段交错结合开展，有利于学生对知识和工作有更清晰的认识，有利于培养出受用人单位欢迎的既有理论基础又有工作经验的整体素质较高的人才。

2. 美国的应用型本科人才培养模式

美国应用型本科教育主要形式包括：技术教育的大学和技术学院、社区学院、工程教育。美国大学和技术学院授予的技术教育学士旨在培养技术师，要求技术师具有对程序规划详细了解的能力和较强的实践操作能力。美国社区学院迄今已有百余年的历史，是一个综合性教育机构，具有职业教育、补偿教育、社区服务和转学等职能。

美国的工程教育分为两个大类：①工程学。其毕业生通常被视为"创新者"，他们为解决复杂的问题设计新的分析方法和思路。②工程技术。其毕业生通常被视为"应用者"，他们通过所具备的知识和实践训练来解决具体的技术问题和一般的设计问题。如果想要攻读研究生，一般会选择工程管理、建筑管理或工商管理及类似专业。毕业以后，一般从事产品设计、技术服务、销售和检验等工作。

美国的工程教育注重数学与科学理论知识，强调实践能力培养，如为工程专业大二本科生开展了实践机会项目，为期一年，环节包括：

第一，在秋季学期中，学生学做简历并进行面试，通过与工程师和校友交谈来建立自己的职业网络。

第二，在每年的学期交叉时段邀请工业界专业人士和工程学、斯隆管理学院老师来指导，进行为期一周的经验学习。

第三，指导教师帮助学生谋取一个与自己志向相符合的夏季实习工作。

第四，夏季学期的第一周开始实践课程，让学生在真实的工作环境中应用他们的技术和人际交往技能。除了学习本专业知识和进行实践训练外，工程教育的本科生还必须学习一些人文社科类知识，并修得相应的学分。美国对工程技术人员实行注册工程师制度，只有具有了这种职业资格的认定，工程技术人员才能去相应专业的工程师岗位独立从事行业工作。美国的企业在工程教育中也发挥了不可忽视的作用，一方面校企合作促进了工程教育的发展；另一方面对员工培训的投入，为工程师的继续教育提供了培训和资金支持。美国工程教育负责培养工程师，与经济、工业联系紧密。

3.德国的应用型本科人才培养模式

德国应用科学大学主要负责培养能够适应各行业领域发展需要的理论应用人才，即既具备扎实的理论专业基础知识，又能胜任高技术要求工作的专门人才，所涉及的工作范围几乎涵盖所有专业领域，其主要特点如下：

第一，应用科学大学在专业设置上具有鲜明的行业性。

第二，在教学环节部分，应用科学大学实践教学环节所占比重较大，实践学期是应用科学大学最具特色的部分，时间上有的为一个学期，有的是两个学期，实践一般在企业中完成，由教授和企业专业技术人员共同指导。其目的在于让学生对工作岗位有比较深刻的认识，锻炼和培养学生运用所学知识解决实际问题的能力。

第三，在教学内容方面，与综合大学相比，应用科学大学的理论有鲜明的实践导向，强调知识在实际行业领域中的运用。教师在施教过程中有明确的教学大纲，但是没有统一的教材。教授可以自主决定教学资料、进程和内容。教学内容也不是一成不变的，而是根据学科知识最新的研究成果和实际应用而不断更新的。

第四，在教学方法方面，应用科学大学的课堂教学一般在较小的学生群体中进行，这样有利于研讨教学、实验教学和现场教学等教学活动的有效开展。

第五，在师资队伍方面，除了需要证明具有从事科学工作能力的博士文凭外，还要求在科学知识和方法的应用或开发方面具有至少五年的职业实践经验。其中至少三年在高校以外的领域工作，可见应用科学大学非常看重理论联系实际的实践经验。

第六，德国应用科学大学在建设和发展中与企业建立了良好的合作关系，这也是它办学如此成功的重要保障。德国企业很重视人才培养和储备，高校也有明确的为企业服务的意识，体现在：企业为学生提供实习岗位；学生的毕业论文设计题目来自企业，并且在企业中完成；企业参与项目教学；企业是应用科研项目的资助者；企业参与实验室的建设和教学内容的设计。应用科学大学本着"宽进严出"的政策，采用严格的教学条例和考试条例进行教学管理。

4. 国外应用型本科人才培养模式分析

（1）英国、美国与德国应用型本科人才培养模式的共同点

第一，面向本地区设置专业。

第二，各国应用型本科教育不是"专才"教育，重视学生人文社科知识的学习，关注学生沟通能力、管理能力和技能施展表现力的培养。

第三，各国都在不同程度上打破了学科本科课程教学体系，根据不同专业在行业中所需应用能力来灵活地安排课程与教学。教学内容与时俱进，不断调整和更新，体现了教学内容的针对性和先进性。

第四，实践教学是其人才培养的重要组成部分和关键环节，学生在就读期间都要到社会的企事业单位中进行实际工作锻炼。非常重视与企业建立合作关系，企业为学生培养提供培训和资金支持，重视产学研教育。

（2）英国、美国与德国应用型本科人才培养模式的差异

第一，在职业资格证书方面，各国引入程度不同。英国最为重视，强调市场调节，建立了职业资格证书体系。

第二，在课程体系结构方面，各国具体的形式不同。英国是交替式，即理论学习与工业实践训练分学期交替进行，并相互配合，这样，有利于实践能力的提高和理论知识的牢固掌握。美国是自由式，即课程的排列，既无横段关系，也无纵条联系，只存在一种从基础课到专业课的大致趋势。德国是横段式，即基础课与专业课有较明显的阶段，比较重视基础理论学习。

第三，实践能力培养具体方式不同。英国的特点是采取工读交替方式。美国是开展实践机会项目，包括面试、经验学习和企业实习等环节。德国是在教授和企业共同指导下完成实践。

（二）国内应用型本科人才培养模式

1. 人才培养模式存在的问题

近年来，在各方的支持下，我国应用型本科人才培养取得了一定的成绩，但是由于应用型本科教育在我国发展时间不长，现在的人才培养模式仍存在一些问题，主要表现在以下几方面。

（1）人才培养目标与规格不清晰

应用型本科院校对应用型人才培养目标和规格还没有清晰明确的定义，不少学者在探讨应用型人才的培养目标和规格问题时给人的感觉是传统本科教育一般本科人才要求与高职高专人才的"应用性"要求的"叠加"。由于受客观条件的限制，如学制时间，培养两种规格叠加的学生在实践中是不可行的。对

于应用型本科人才到底应该是什么样的人才认识不清，导致培养措施无力。

（2）专业设置应变力不强

专业设置对市场需求应变力不强，而且很多高校建设品牌学科专业的意识和行动不够，没有做到很好地为地方、区域经济、政治和文化发展服务。在设置专业时，盲目追求全面和开设投资少或新、热门的学科专业，这样既分散了原有专业的建设力量，造成原有特色的逐渐消失，又由于缺乏学科基础和建设氛围，导致新开专业发展不佳。应用型本科院校开办专业门类数量较多，对其培养的应届毕业生的就业数量和质量均产生消极的影响。经检验证明，与高职院校相同，应用型本科院校毕业生的就业状况主要受专业大类的数量的影响，而在同一个专业大类下的专业小类数量的多少并不明显影响该专业大类毕业生的就业状况。

（3）课程教学体系发展滞后

课程教学体系跟不上当今时代的发展，课程体系和教学内容不适应当代科技、经济和社会的发展，表现为以下几点。

第一，按照学科理论设置课程，是传统的学术型人才培养的课程要求。开设的公共课、学科基础课和专业课比例偏大，应用专业课程偏少；某些与行业紧密相关的跨学科课程没有作为必修课开设。

第二，教材没有及时更新，走应用型的道路，但是却没有编制和选用相应的应用型教材。很多教材注重理论知识、内容陈旧、缺乏最新的案例资料，没有体现"应用型"本科人才培养的特色。

第三，在教学环节方面，理论教学占的比重较大，实践教学环节相对薄弱，教学效果较差。教学方法还需改进，目前，课堂教学还以传统传授方法为主，较少运用研讨式、项目式、现场式、案例式和小组讨论式教学形式。

（4）实践教学薄弱

实践教学环节比较薄弱，产学研方面没有很好地落实。实践教学环节的质量没有得到有效保证，没有相对应的有效的考核制度，教学效果不明显。实验课中自主设计实验、综合性实验很少，缺乏应用科研开发能力的培养和训练，但在现实工作中，遇到的多是综合性问题，需要跨学科的知识，一般涉及市场调查分析、成本核算、环境保护等方面。

毕业设计论文的选题联系生产实际和科研实际少，多为虚拟课题。这些，使学校教育和社会实际没有得到很好的衔接，学生普遍理论知识比较扎实，但实践能力和创新能力不足。

2.人才培养模式的优化

（1）应用型本科人才培养模式的优化

科学制定应用型本科人才培养目标是人才培养工作的首要问题，学校只有明确了人才培养目标，才能开展正常有序的教学活动。应用型本科教育主要培养各行各业的高级应用型专门人才，这类人才与学术型本科人才和实用型高职高专人才不同，也不是这两种人才的简单叠加。应用型本科人才有自身的特点，即行业性、应用性和社会性。

对于学生而言，毕业进入社会后，他们的职业成长潜力关键在于其所具备的学习能力，而不是在学校学习所获得的基础知识，因此，没有必要强调"厚基础"。有所为，有所不为，才能有所为。基础适中可以在以下两个方面得到表现。

第一，在构建专业基础方面，没有必要过于强调基础课和专业基础课知识的完整性和系统性，应根据人才培养要求，有目的地选择能为教学服务，与相关专业领域有结合点的基础知识。

第二，合理调整和规定专业课、专业基础课和基础课之间的比例，凸显人才培养特点。高校设置专业口径需考虑所在行业的发展现状，一种情况是行业发展中分工越来越细，另一种情况是行业发展中知识要求综合化、复合化。前者专业口径不宜过宽，后者要求宽口径。

工作性质的社会性和综合性，要求应用型本科人才具有良好的个性素质和较强的社会能力，展现其优势和特点。个性素质是一种个性化的心灵能力，如意志力、评价能力、自我管理能力、求知欲等。社会能力主要包括沟通协调能力、自我表现能力、团队精神以及宽容性等。应用型本科院校可以参照应用型本科人才的特点，再结合自身院校的办学实际情况来确定各校的人才培养目标，办出独具特色的应用型本科教育。应用型本科院校在设置专业时既应考虑本区域经济社会发展的需要，又必须考虑应用型本科的办学性质和特点。应用型专业设置需把握以下几点：

①重视应用，要特别强调两种能力的培养。

第一，综合能力。应用强调综合，要求提出比较全面的解决问题的方案。如开发设计的人才，除了具有对产品的构思外，也必须与消费者、售后服务人员和市场营销人员交流来共同寻求最佳的解决方案。

第二，实践能力。即提出问题解决方案并将之实现的能力。它除了培养学生用所学科学知识来解决问题的能力外，还可以教授学生在实际工作环境下的思维方式和行为方式，并不一定指向某一具体的实际工作岗位。

②各应用型本科院校应满足区域产业结构调整的需要，形成与区域发展相适应的、结构优化的专业体系。调研市场，明确要求，关注人才市场对应用型人才需求的动态变化，保证所设专业是前景广阔的专业；关注行业的发展，保证专业口径适度。开办应用型专业只有转变观念，把专业建设从学术型转变为应用型，才能保证应用型本科正确的办学方向。将专业办成应用型的专业，专业建设要注意与社会需求衔接，找到两者之间的"结合点"，及时调整专业方向。

结合自身条件调整专业，应用型本科院校必须考虑自身的办学硬件条件和软件条件。同时，还应考虑同区域其他高等院校办学的综合情况。一是可以不另增加专业，对需求不大的专业进行改造。某些办学条件较好的应用型本科院校，某些学科可以发展专业学位研究生教育，培养高层次应用型人才。二是各校可发挥自身优势，加强品牌专业和特色专业的培育。目前，已有学校依托传统优势专业、资源共享，形成本校特色专业群。

③合理设置教学内容。

第一，设置灵活、动态的教学内容，根据科技进步和社会经济发展的实际情况及时调整课程设置，更新教学内容。

第二，对学生学科理论的要求是"坚实"即可，就是理论的科学性很准确，但是不要求过深。具体一点的意思就是，讲授正确的科学理论时，讲到学生能够掌握这个理论就可以了，关于这个理论的来龙去脉、构成学派等等，都可以适可而止，一笔带过，将重点放在讲授这个理论如何转化为实践，如何应用到实践中去。

④加强应用型本科教材建设。目前，应用型本科教育教材普遍借用普通本科教材，教材内容远远没有跟上社会发展的要求。应用型本科教学过程，除了要求学生学习基本理论以外，还要求在教学中能及时反映科学理论和技术的新动态，保证传授给学生最新的知识内容。为了提供给学生更直接的行业知识素材，结合课程需要，可以通过自编、和其他高校合作开发应用型的精品教材，引进国外高质量的应用型本科教材或与企业合作开发应用型教学软件来解决缺乏相关教材的困难，使教师的教学有所依据。

⑤改革教学方法和教学手段。教学方法在教学中具有重要的作用，课程目标与专业培养目标的完成都需要通过教学过程来实现。"教师讲、学生听"的这种教学方式不能有效地调动学生的主动性、积极性，已经不能满足应用型本科人才培养的需要。重视行动导向教学，进行现场教学、项目教学、讨论式教学、

案例教学、启发式教学和开展多种学生自主性教学，营造一种学生与教师互动的学习氛围，让学生自己带着问题思考、调研、收集资料并解决问题，有利于尊重学生的个体差异性，给每个学生自由发展的空间，提高他们学习的主动性、思维的创造性和综合解决问题的能力，从而实现学用一致的教学目标。

邀请行业部门专业人士来讲授与行业紧密相关的知识技能型课程，这样，不仅有助于学生更加直接地掌握行业知识与专业技能，而且有助于学校教师对行业的了解，并与行业之间建立联系。灵活运用多媒体、网络等现代信息传递工具开展教学，打破课内课外的时间空间界限，学生的学习过程得到有效管理，提高了教学效率。

⑥强化实践教学。从国外培养应用型人才成功的经验可以看出，重视实践教学是一个重要因素。在我国，加强实践教学可以从以下方面努力：将实验教师转化为实践教育岗的教师。在我国重理轻术的传统教育思想下，我国对实验教师重视不够，表现为实验教师地位不高、不颁发高校教师资格证，评职称和进修方面受到限制，更有甚者，有的学校领导把不能上好理论课的教师派去上实验课。

高校可以将实验教师转化为实践教育岗的教师，让他们主要负责实践课程的教育教学工作，重在培养学生的实践应用能力。在政策上肯定他们的地位，给实验教师发放高校教师资格证。在评职称和进修方面，让他们享受和理论教师同等的待遇，制定不同的考评标准。在教学评价方面，侧重综合运用知识解决现实问题的能力。在科研评价方面，则注重科研的实用性。

（2）应用型本科人才培养模式的保障条件

注重实践教学场所的建设。通过走出去、请进来、签协议三种方式与多个单位建立长期、稳定的合作伙伴关系，同时，积极寻求地方政府的政策和经费支持，为学生发展提供较好的行业实践平台。在校内，建立实验实训基地，在设备选购上，倾向去选择与实际工作环境相同或相似的实用型实验设备，从而开展综合性的实验，定期邀请企业专业人士来实训基地指导。在校外，与企业合作，安排学生进行岗位实战，感受企业文化，体验企业真实的运行状况，接受职场全真培训，以此激发学生的学习兴趣，促进其综合应用能力的提高。

通过加强调研、组织产学研对接会、鼓励和支持联合培养等方式，进一步扩大产学研合作的范围。也可与其他高校合作，实现实践资源共享。采取多种实践方式：

第一，可以灵活地安排学生进行生产实践、技术实践、科研实践、课程实践、毕业设计和社会实践等。

第二，可以引入职业资格证书教育，职业资格证书对高校学生的就业能够起到较好的促进作用，而目前的教学运行体系注重学业成绩，这一措施是对学生提高实践成绩的鼓励。

第三，建立与完善实践教学制度，主要包括：关于实践教学规划方面的规定；各实践教学环节组织实施方面的规范；负责实践教学工作的各部门、各类人员的职责分工和管理规定；实验室、实训室、实习基地等实践教学基地建设与管理方面的规章。

3. 人才培养模式运行的保障条件

人才培养模式是不能孤立存在的，而是在一定的环境和条件下运行的。为了确保应用型本科人才培养模式的良好运行，学校应该从以下几方面来完善其运行的保障条件。

（1）根据应用型本科院校的培养方向改革招生办法

目前，应用型本科院校新生基本上都是高中毕业生，几乎没有所选专业的实践经验，对所学专业的不了解导致学习目的不明确，而已经参加工作的部分中专、大专和技校学生在实践中发现自己的不足，想通过继续学习来提高自己的专业技术水平，但本科还没有为他们提供相应的进修渠道。

在入学资格和招生上，应解决以下问题：

第一，改革招生办法。招收中专、职业学校毕业生及有工作经验的在职人员进入应用型本科院校学习，打通高职高专进入应用型本科院校的通道，实现生源渠道的多元化。

第二，建立因材施教的教学指导体系。在生源渠道多元化的情况下，对于从高中毕业的学生，应该加强实践教学。

第三，对于有实践经验的中专生、职业学校毕业生及有工作经历的在职人员，应该加强理论基础课教学。

第四，对于高职、高专"专升本"学生，应注重教学内容的衔接，必要时开设一些衔接性课程。

（2）加强教师队伍建设

在人才的培养中教师起着至关重要的作用，可以说，在影响学生发展的外在因素中，教师因素是排第一位的，教师素质的高低决定着人才培养质量的高低。目前，在应用型本科教育办学过程中，很多高等教育工作者已经意识到应用型本科教师队伍建设问题已制约应用型人才培养，并呼吁社会各界共同努力来组建高素质的应用型本科教师队伍。

"双师型"教师的特点是既具有相当的学术理论水平，又具有丰富的实践经验和扎实的实践能力。也有学者提出了不同的看法，认为这是教师发展的理想化蓝图，在现实中难以实现，反而会制约应用型本科教师队伍的建设，主要有两方面的原因。

第一，从主观条件来看，因为精力和时间有限，绝大多数应用型本科教师难以在获得知识与提高技能之间找到平衡点。

第二，从客观条件来看，目前政府还没有为应用型本科教师的培养提供制度性保证，以及我国的高等教育市场机制至今还没有充分发挥作用，大学之间的竞争体现在政府对大学的满意度上，高校与企业之间没有建立生息与共的制度平台。

（3）发挥教师的主动性

大学应用型本科课程教学变革的取向是把学科专家和课程专家提出的"理想的课程"转变为"现实的课程"。课程教学变革不是简单的课程内容更新或变换，而是与培养目标、课程实施、课程资源、评价标准和师资等方面有着紧密联系，是一个复杂系统的问题。面对这个复杂系统的问题，关键是重视应用型本科教师的作用。教师是一本无形的教科书，应充分发挥他们的作用，让他们主动地去适应变革和推动变革。教师应做如下方面的努力。

第一，关注学生的需求。教师对学生的研究可以拉近应用型本科理论教学与实践之间的距离，是提高其课程教学实践水平的一个重要途径。应用型本科课程教学除了教授基本理论知识外，更关注的是提高学生的实践能力和创新能力。大学应用型本科教师可以通过向学生提问、观察和小组讨论等方式来了解学生所需。

第二，不断提高专业水平。课程变革需要应用型本科教师的自我提升和对变革的积极适应的态度，否则，课程变革无法进行或自身将被不断变革的课程所抛弃。专业知识水平的提升和相关专业实践经验的丰富构成了应用型本科教师的专业发展。优秀教师应能主动积极地提升自我，走在教育领域的前端，引领教育的变革，而不是为了跟上变革的步伐忙忙碌碌。

第三，关注应用型专业的动向。社会上的企业家和经理人需要能帮他们解决实际问题的人才。目前，应用型本科教育越来越重视实践教学。实践教学是指学生在教师的指导下通过实际操作获得感性知识和基本技能的一系列教学活动的组合，这就要求应用型本科教师必须随时关注社会上应用型专业的最新动向及对应用型本科人才需求的变化。应用型本科教师可以通过缩短课堂教学与社会实际的距离，开阔学生的眼界，提高他们认识和分析实际问题的能力以及适应社会变化的能力。

第四，积极参与课程变革。大学应用型本科教师应肯定自身在课程变革中的地位，争取自身的课程话语权，与学科专家和课程专家进行对话和沟通。应用型本科教师应通过影响课程政策的制定、参与课程开发、参与行动研究等方式来参与课程变革。

下面从人才引进、教师培训等方面来谈谈如何加强应用型本科人才培养。

第一，人才引进。根据学校的办学定位和发展规划、学科与专业建设需求、现有教师的情况及学校的发展需求来决定引进师资的总量、专业结构、职称结构、学历结构、年龄结构、地缘结构与学缘结构等。在招聘人才的过程中，重视教师的实践经历，对其从事对口专业的实际工作情况做出一些明确的要求。同时，从企事业单位中聘请精英、技术骨干和优秀的管理人员担任顾问或兼职教授，参与人才培养方案的设计、学生实习和毕业论文等教学工作的指导。

第二，教师培训。①重视教师职后培训，重点是实践经验。教师没有实际的企业工作经验，对企业环境、行业发展不熟悉，很难培养出高素质的应用型人才。高校可以开展"教师实训"，将在校的教师有计划地分批派到企事业单位相关部门进行一定时间的实践技能和职业素养培训，以增加实践经验。②对于不同专业、课程、类型的教师提出不同的实践培训要求，规定不同的实践培训时间。有条件的学校，可以设立学术假，让教师定期下企业进行课题研究，保证所教内容的现行性。希望教务部门能联合人事部门，共同研究和打造出一个教师进入企事业单位进行实践进修的制度平台。

第三，建立校董事会和校企协作委员会。要实现产学有效结合，企业的参与是必要条件，建立具有约束效力的合作机制是实现合作教育的保证。校企合作不仅要求企业参与学校的专业设置论证、人才培养计划的制订和课程内容的确立，保证人才培养内容适应用人单位的要求，还应发挥企业或行业对人才培养的牵动作用，定期商讨有关学校的专业建设、教学改革等问题，并寻求有效的指导和管理。

第四，充分利用社会资源，弥补校内专业实验室数量和质量方面的不足。共享专业实验室的建立可以满足产学合作教育过程中专业教学的需要，学校不仅可以节约实验室建设经费，还能使学生有机会直接了解生产过程中产品质量的控制。

第五，联合办学。联合办学是学校与产业部门在办学的组织领导、经费投入、学校建设、管理运行乃至教育教学活动各个方面的合作，它是产学研结合教育的拓宽和提高。通过校董事会制，把分别来自教育和经济两个不同社会子系统的法人实体协调在一起。学校需要企业的资金投入来改善学校的办学条件，企业需要高素质的人才来提高在市场上的竞争力，校企双方的实际利益驱动，使联合办学成为"双赢"的首选。学校聘请企业的工程技术人员担任现场兼职教师，企业为学生提供部分工作岗位，使学生在校期间有机会进入生产实践领域，获得真正的职业训练和工作经验，并在工作中完成一定的生产任务，获得一定的报酬。

第三节　高等教育应用型本科人才培养模式构建

研究型大学以培养技术创新研究和基础理论原创性研究的复合型、创新型人才为主，地方性普通本科院校以培养技术应用型高级专门人才和技术创新型人才为主，高职高专以培养在第一线从事生产、服务和管理工作的各类技能型人才为主。不同类型高等学校的不同类型、不同规格、不同专业的人才培养目标，决定了其具有不同的培养体系和培养途径，即具有不同的人才培养模式。

研究型大学以精英教育为主，以学科发展、知识创新为重要使命，主要采取学术型人才培养模式。一般按学术人才的标准制定培养目标，按学科范畴的完整性、系统性设计课程体系，按学科知识的内在逻辑系统组织教材，课程教学偏重基础知识和艰深理论的传授。高职高专以培养符合岗位需求的各类技能型人才为主，主要采取技能型人才培养模式。按照岗位需求设定人才培养规格，根据工作任务要求确定知识点、能力点，组织课程体系，重视实际操作技能的训练。

在人才培养能力化发展趋势下，提高学生的实践能力和社会适应能力，实现从注重知识传授向更加重视能力和素质培养的转变，理应成为高等学校，尤其是地方性普通本科院校人才培养的核心理念。

一、应用型本科人才培养模式的特点

（一）培养理念的实用化

实用主义于19世纪70年代产生于美国，它把不断满足广泛的、多样化的社会需求作为高等教育发展目标。出于生存的现实需要，立足地方、依托地方、服务地方，构建服务型教育体系，培养实用型人才已经成为我国众多地方性普通本科院校的发展共识和人才培养的重要方针。这种教育理念反映在应用型本科人才培养模式上，就是倡导开放办学，增强学校与社会的联系，以提高大学生的社会适应能力、综合素质和就业竞争力为人才培养的主要目的，强调教育与生产劳动相结合，鼓励合作办学、产学结合，突出实际动手能力的培养，强化实践教学环节。

（二）培养机制的人性化

在高等教育大众化背景下，地方性普通本科院校必须建立以适应性为核心的多样化人才质量标准，教学运行机制应"以生为本"，教学管理体系应有利于学生个性发展，富有弹性和开放性。高等学校采取按学科大类招生、专业分流培养的方法，更有利于学生根据自己的兴趣特长来确定专业和专业方向；高等学校积极创造条件，实行弹性学制，允许学生在完成学业任务的前提下，提前毕业或延长毕业；高等学校实施短学期制、两学期四段制，在时间安排上满足了学生个性化学习的需要；高等学校改变以往单纯用掌握知识的多少来评价学生学习成绩的质量观，构建学生综合素质评价指标体系，促进学生知识、能力、素质的协调发展；高等学校组建特色班，加强不同学科、专业的交叉，推进复合型人才培养等。

（三）专业设置的应用性与培养目标的能力化

随着社会进步和经济发展，人才培养的能力化特征越来越突出，以能力为核心的人才培养模式越来越受到推崇。以应用型本科人才培养为主要目标的地方性普通本科院校，其培养的学生是要面向生产一线的。因此，在专业布局结构上，应用型专业是学校专业的主体部分，而哲学、历史学、物理学等学科型专业极少设置，即使有一些学科型专业，也往往会以设计应用性专业方向或开设专业模块的方式进行不同程度的改造，以适应就业市场的现实需要。

地方高等学校以培养应用型人才为目标，构建应用型本科人才培养模式就是突出应用型人才能力的基本要求。如天津工程师范学院将"本科＋技师"的培养目标定位为高学历、高技能的"双高"人才。要求这类人才既能在课堂上传授专业理论知识，又能在实验实训场地进行动手技能指导，成为名副其实的"双师"。在企业，他们既能从技，做工程技术和管理工作，当"白领"，也能从艺，完成高难度产品的加工制作任务，当"蓝领"。再如"T"型人才培养模式，它体现了确保核心能力，突出专业实践能力的原则，"T"上面的"一"表示学生作为社会人一般能力和基本素质的横向拓宽，以增强毕业生对社会的适应性，"T"下面的"I"表示专业能力的纵向深化，并且特别强调专业实践能力，以提高毕业生就业的针对性。

（四）培养途径的实践性

不同类型的知识、能力和素质结构体系需要有不同的培养过程。应用型人才是面向生产实际的实用人才，这就决定了其培养过程强调与一线生产实践的结合、校企之间的产学结合，更重视实践性教学环节。如延边大学提出的"2.5+1.5"人才培养模式。其中的"2.5"，即利用前两年半时间（五个学期）进行公共基础课和学科基础课的教学。"1.5"指利用半年时间进行各专业方向的必修课学习；利用半年时间进行各专业方向的选修课学习；利用半年时间进行一些专业课程的补充教学，进行见习和实习等社会实践以及毕业论文写作。再如浙江科技学院提出的"面向专业能力培养的模块化教学"，就是基于能力本位的教学模式，它是集知识与能力、理论教学与实践教学于一体的课程教学与组织管理形式，学生必须完成每个模块的课内外学习任务才能获得相应的学分。

（五）培养体系的双重性

应用型本科人才主要是面向地方经济社会生产第一线的人才，不仅要有一定的基础理论知识和基本的研究能力，而且要有突出的实际动手能力和较快的上手能力。以此为目标，一些高等学校按照共性要求与个性发展相结合、学术性与职业性相结合、理论教学与实践教学相结合、科学与人文相结合、专业与行业相结合等原则构建人才培养体系。

根据通识教育与专业教育相渗透、一般教育与特殊教育相结合的原则，南昌工程学院提出了"两平台、多模块、一拓展"的人才培养模式。该模式用"通识课程"和"学科基础课程"两类课程平台对全校学生进行基础知识教育、基本技能训练和基本素质养成的培养，体现"理论基础较扎实，专业知识面较宽"的要求，为后期专业教育奠定基础。宁波大学"平台＋模块"的培养体系中的"公共基础平台课程""学科基础平台课程"是全校或同一学科中各专业学生的必修课程，体现了人才培养的基本规格和全面发展的共性要求；"专业方向模块"是根据专业发展趋势和社会行业分工灵活设置的，有利于解决宽口径培养与不断变化的社会分工及学科发展的接口问题，有利于为社会生产一线提供人才。同时，学生对模块有选择权，有利于满足学生的个性发展需求。

二、应用型本科人才培养模式创新依据

人才培养模式的变革与分化不仅是人才能力化趋势的规格特征和社会对人才的分类、分层培养的需求特征以及学生个性发展的必然要求，还是不同高等

学校的办学基础和办学条件的差异性的必然结果。

人才培养模式是一个系统，包含着人才培养的理念、目标、体系、途径、方式以及制度，不同的研究者和办学者由于受到自身经验和教学实际的限制，对人才培养模式的内涵会有不同的理解，人才培养模式具有天然的多样性。高等学校应根据社会的实际需求和自身条件，确定办学层次和类型，自主确立人才培养模式，努力培养出受社会欢迎、有特色、高质量的人才，创出学校的声誉和特色。

我国高等教育进入大众化发展阶段后，学生群体在知识基础、个性特征、兴趣爱好等方面具有较大的差异，不同的高等学校理应根据不同的生源特征确立相应的培养目标定位，构建不同的知识、能力、素质结构，采用多样化的教学方法、手段和教学组织形式。当前，应用型本科人才培养模式的创新依据主要包括以下几点。

（一）根据培养理念创新

"务实致用"的应用型本科人才培养模式，其核心就是把务实致用作为地方大学培养应用型人才的基本准则，坚持教育与生产劳动相结合、与社会实践相结合的人才培养理念，在教育过程中强调学生"学、练、思、行"相结合，创造性地提出"实学＋实练＋实用"的教学模式。如"知行合一、双核协同"的应用型本科人才培养模式，其核心就是将培养目标定位为应用开发型高等技术人才。培养理念和培养途径是"知行合一"，既坚持理论与实践相结合，又坚持产学研相结合；培养方法是"双核协同"，即专业核心课程优化和专业核心技能培养协同，努力培育特色人才。另外，还有一些高等学校提出了"以就业为导向""以市场为导向"的应用型本科人才培养模式等。

（二）根据学科专业创新

根据学科专业提出的人才培养模式，不仅是应用型本科人才培养模式构建与改革中成果最丰富的一种探索与改革的视角，还是学校人才培养模式总体设计得以实施的载体。各专业结合学科专业的实际，提出了各具特色的多样化的人才培养模式，如台州学院在学校层面构建了"两个平台＋多个模块"的人才培养模式，而机械设计制造及其自动化、土木工程等专业试行的是"2+1+1""3+0.5+0.5"人才培养模式等。

（三）根据培养目标创新

根据培养目标创新提出的应用型本科人才培养模式，如浙江大学城市学院提出的高素质应用型本科人才培养新模式，以"二主五性"为指导思想，通过制订强化应用的教学计划，大力实施大学生科研计划，狠抓产学研合作，组建特色班等形式，实现学生各项能力协调发展，强调知识基础之上的能力和素质。再如杭州电子科技大学提出的既懂技术又会管理的"复合型"的应用型本科人才培养模式，以及一些高等学校提出的"T"型的应用型本科人才培养模式等，都是根据培养目标对应用型本科人才培养模式的创新。

（四）根据培养体系创新

根据培养体系创新提出的应用型本科人才培养模式，如宁波大学提出的"平台＋模块"的应用型本科人才培养模式。该模式在"平台＋模块"课程结构体系中，必修课由公共基础平台、学科基础平台、专业基础平台三个层次不同但相互联系、逐层递进的"平台"构成，选修课由多个相互独立、知识具有整体性的专业方向模块和选修课程群构成；采取以"2+1+1"为主的多样化培养方式，即按学院或学科大类招生的学生进校后先不分专业，两年以后可按照"志愿＋考核"的原则在相应学院或学科内自主选择专业，在完成专业基础平台课程后，学生根据自己的志愿选择专业方向，实现二次分流。又如，浙江大学宁波理工学院提出的"专业＋特色"的应用型本科人才培养模式，即在教学计划中设置充分体现专业特色和知识复合的若干个课程模块，学生在高年级时可以根据自己的特长、兴趣爱好和就业去向任选其中一个课程模块。再如，成都大学提出的"两平台，多方向"人才培养模式。"两平台"是指"公共课程""学科课程"两个平台，占理论课时的70%，实现"厚基础、宽口径"培养；"多方向"是指设置若干个专业方向，进行专业理论和实践教学，培养学生的创新和实践能力。另外，一些高等学校还提出"科学与人文相结合"的应用型本科人才培养模式等。

（五）根据培养途径创新

根据培养途径创新提出的应用型本科人才培养模式，如绍兴文理学院提出的"3+1"（3年在学校、1年在企业）或"2+0.5+1+0.5"（学校与企业交替培养）应用型本科人才培养模式。又如，浙江科技学院提出的"项目化"应用型本科人才培养模式。在该模式中，"项目教学"主要是指结合实际项目进行课程设计的一种实践教学形式，表现为以某项项目设计为核心，来探索新的教学内容和形式，其中项目设计的题目多来自企业，与企业生产活动紧密结合。再如，浙江大学宁波理工学院提出的"TPE"综合培养模式，该培养模式把理论教学（T）、实践教学（P）、课外活动（E）三者有机结合，分别设置相应的学分，将第二课堂学分化，纳入教学计划。另外，还有一些高等学校提出了"订单式""零距离""学工交替""产学合作"的应用型本科人才培养模式等。

（六）根据培养机制创新

根据培养机制创新提出的应用型本科人才培养模式，如浙江工业大学提出的"2.5+1.5"公共事业管理人才培养模式，其核心就是从在校工程类专业的三年级学生中公开选拔招收学习成绩优秀、管理能力和社会活动能力突出、具有一定领导潜力的学生作为培养对象，用三个学期的时间系统进行公共事业管理专业的理论与知识的教学，旨在培养具有工程背景的既懂公共管理科学，又懂相关领域专业知识的综合素质全面发展的复合型高级管理人才。再如，浙江大学宁波理工学院提出的"合格人才与精英人才"相结合的应用型本科人才培养模式，这一模式根据学生在知识、能力、素质等方面客观存在的个体差异而设置的培养方式，在保证"合格人才"教学质量的前提下，对优秀学生经过一定的选拔和考核，设置文、理科"求是实验班"，设计单独的人才培养方案，单独开班，单独授课和组织教学活动，以创造良好的育人环境，促进优秀人才脱颖而出。另外，一些高等学校还提出了"按类招生、分流培养"应用型本科人才培养模式，"本科导师制"应用型本科人才培养模式，"学分制"应用型本科人才培养模式以及"小学期制""两学期四段制"应用型本科人才培养模式等。

以上种种模式，无一例外或多或少涉及人才培养模式的三大范畴，只是模式的称谓和侧重点存在一定的差异而已。这也从另外一个角度证明，一个完整的人才培养模式其内涵必须回答"为什么""是什么""怎么样"这三个层面的问题，是三者的有机组合，是一个具有全局性、系统性的整体。

三、应用型本科人才培养模式设计要点

（一）面向社会

面向社会是学校的办学理念和发展战略，是指以社会需求为导向，培养社会适用人才。体现在专业设置上，适应区域经济的支柱产业和社会发展的需求，注重应用、发展特色，面向市场、优化结构。以特色专业和优势专业为基础，加强专业的分类建设与改造，做大做强需求量大、特色鲜明、适应面广的专业，做实做强有较好学科基础的专业。

面向社会是一种质量观，根据区域经济社会人才需求及其变化规律，围绕以能力培养为核心的应用型、多样化人才培养和以适应性为核心的大众化教育

质量观，构建多规格的人才培养体系，不断加强专业内涵建设，确定培养目标，完善培养方案，优化教学内容，确立社会适用人才评价标准，培养应用能力强的社会急需人才。

（二）模式的设计目标

由大学专业教育的本质属性决定的人才培养模式的设计目标是使学生具有运用专业知识和技能解决实际问题的能力。一切教育活动都以学生的能力培养为核心——运用专业知识和技能解决实际问题的能力，包括社会能力、专业能力、职业能力、终身学习能力等。

培养方案的设计要以符合社会对人才知识的复合性需求和符合社会对人才能力发展的综合化需求为原则。符合社会对人才知识的复合性需求，要求在设计培养方案时，在基本理论和基本素质与专业核心能力培养复合的同时，注意重心下移，文科与理科复合，理科与工科复合。

符合社会对人才能力发展的综合化需求，需在加强基本理论教学和基本素质培养的同时，通过强化知识与技能并举的综合性设计性实验技能的训练，通过强化教育教学过程的能力训练，如课程小论文、调研报告等，提高学生的社会能力与专业知识的运用能力，以满足人才可持续发展的内在要求。

（三）培养模式的构架

1. 培养模式的构架特征

第一，突出理论教学的应用性。增设以行业应用技术为背景的模块化专业课程，以行业需要为主线，将所学的知识串联起来，为专业技能的构建提供相对系统的理论知识和技术原理，促进理论、技术与行业实际的结合，使该专业学生的学习目标与就业定位明确，以满足用人单位的需要。

第二，突出基础技能为专业技能服务、专业技能与行业技能训练结合的特点，强化技能的综合性、设计性训练，构建相对独立的实践教学体系。如生物技术专业实验课程体系的设计思路是以行业的实践技能需求为导向，明确基础技能为专业技能服务，以综合性、技能集成型的系列技能训练为目标，合理整合实验项目；以基础性与先进性、综合性相结合为原则，选择实验内容；体现层次化、个性化的实验教育目标，将必修实验与选做项目相结合。再如，法学专业在分析法学人才应具有的法律观察、法律思维和司法实践等必备专业能力的基础上，开发了模拟司法办案程序软件和案例库，设计了案例评析、案例研讨、专题辩论、法学数字模拟、法律实务训练、模拟法庭等实践教学必修课平台和司法实务、执法实务、律师实务、法律诊所等选修课模块。

第三，围绕专业核心能力的递推法设计方法，课程体系按目标要求整合，设计思路清晰，更新教学内容，增强系统性。理论知识和实践能力二者之间既相对独立，又互为依托。将教学内容顺序按实际专业工作流程安排，引导学生在学中做，在做中学，增强学生学习的系统性和实践性。

第四，以培养学生的综合能力和延伸专业能力为目的，构建素质拓展体系。将素质拓展项目（课程）作为必修学分，纳入专业人才培养计划。

2. 创新教学体系

第一，理论教学体系：以本专业人才的理论知识规格要求为主线，由专业基本知识和基本理论所构架的链式或网状的、保证专业基本规格的课程体系。除公共基础课外，主要包括专业基础（平台）课程和专业方向或模块课程两部分。

第二，实践教学体系：以本专业人才的实践能力规格要求为主线，构架的专业实践能力训练的教学体系。按照应用型本科人才培养的要求，强化实践教学环节，按专业不同，以增强学生动手能力、创新能力、适应能力为重点，整合能力训练项目，精心构建实践课程体系，包括实验课程以及教学实习、工程训练、生产实习（社会实践）、学年论文（课程设计）、毕业实习、毕业论文（设计）等环节。

第三，素质拓展体系：包括公共素质拓展和专业素质拓展项目。增强学分化操作的规范性，并将其作为促进学生全面发展的校本手段，注重人文教育对学生健全人格的塑造作用，注重科学精神对学生成人成才、创新创业的启蒙，增强学生开拓创新、团结协作的综合能力。

3. 平台支持

以能力培养为核心的教学目标，要求改变以课堂、教师、书本为中心的教学模式，搭建"以生为本""以学为中心"的多层次、个性化、多样性、复合型人才培养途径和课内课外、校内校外相结合的教学平台，在培养主体规格人才的同时，注意多层次和多样化的学生发展需求。

第一，专业基础与专业核心教学平台：保证专业的基本规格（共性）。该平台体现了分级教育的内涵，既要挖掘人才的潜质，又要满足应用型主体规格培养的多层次需要。

第二，专业方向（模块）和跨专业的任选课程平台：保证人才多样性、个性化发展。如英语专业的国际贸易、英语新闻、涉外法律、涉外文秘等模块，根据社会需要与专业特点，按照立体交叉、多方向、多规格要求设置，以增强学生对社会的适应性。

第三，合作教育平台：将社会作为学习场所，组织社会实践、专业志愿服务、虚拟学院、培训基地、产学研合作等活动，拓展人才培养的时空领域。如浙江万里学院与三星奥克斯公司合作建立了奥克斯虚拟学院，在学生完成专业主干课程学习的基础上，企业开设所需要的机械、电器、模具、营销、管理等知识和实习的模块化训练项目，由学生自主选择学习，计入毕业总学分，为学生的就业打下了良好的基础。

第四，课外学习平台：以开放实验室、创业创新项目、学科竞赛、校园文化活动、考证考级等项目化训练为载体，培养学生的综合能力和综合素质。人才培养模式体现了以社会需求为导向，以培养社会适用人才为己任的价值取向，体现了以能力培养为根本育人目的，反映了以生为本、以学为中心的育人理念。

第六章　高等教育跨学科人才培养及其培养模式探究

跨学科教育始终备受高等教育界关注，而培养跨学科人才也成为当前各国高等教育战略规划的重要目标。其中，实施跨学科人才培养项目是开展跨学科人才培养工作的一种重要方式。本章内容包括跨学科概述、高等教育跨学科人才培养的动因、高等教育跨学科人才培养的理念解读、高等教育跨学科人才培养研究及人才培养模式分析。

第一节　跨学科概述

现代科学技术文化的发展突飞猛进，信息科学、生命科学、材料科学和资源环境科学研究领域对中国未来的可持续发展至关重要，科学研究应更加重视与人类前途命运息息相关的全球性问题，尤其要加强跨学科交叉研究，进一步走向极端条件与物质本原、系统综合与统一，进一步加强科学与技术的相互渗透和融合，形成新科学的重要生长点。

科学技术创新的关键是人才，人才的成长靠教育。加强跨学科交叉研究，需要具有跨学科背景的人才，需要跨学科教育去培养跨学科人才。因此，加强跨学科教育和跨学科人才培养，已成为抢占世界科学技术制高点的战略举措，成为世界教育尤其是高等教育改革与发展的热点与大趋势之一。

要用跨学科的手段去培养人才，探索跨学科人才培养的理论与实践，就必须对诸如"跨学科""跨学科研究""跨学科教育""跨学科人才""跨学科人才培养"的内涵进行科学的辨析和界定。

"跨学科"一词产生时的本质意义是学科间研究的合作、协调和学科间的"合作研究"与"相互作用"等。从 20 世纪 50 年代开始，"跨学科"这一术语被社会科学界普遍使用并逐渐成为世界范围内使用频率越来越高的流行用语。20世纪60年代，"跨学科"一词在自然科学界、教育界广泛使用，"跨学科研究者""跨学科关系""跨学科性""跨学科论""跨学科学"等新派生词语相继出现，还出现了"跨学科地"和"进行跨学科研究"。

由于"跨学科"一词使用频率较高且组合词增多，还出现了一些以首字母组成的英语缩写词，如"跨学科教育"简称为IDE，"跨学科研究"简称为IDR，"跨学科单位"简称为IDU等。从以上新词语的出现可以看出，"跨学科"的内涵在向外延伸和不断丰富；人们日益重视开展对处于两种事物之间的状态和性质的研究，如人际关系的跨国、跨民族、跨群体的研究；"跨学科"包含着万物均非静止不变的辩证法思想，说明人们开始从综合和整体的角度认识事物；"跨学科教育"和跨学科人才培养的提出晚于跨学科研究，"跨学科教育"就是要综合地、整体地看待教育，要注重人的综合素质的培养和人的全面发展与成长。

一、跨学科的相关知识

在当代科学技术文化和社会经济发展重大课题的研究中，在高等教育改革和发展尤其是人才培养模式的探索中，在不同的科学技术与教育发展规划中，"跨学科"一词的使用频率越来越高，与此相关的许多新词语也应运而生，如"跨学科教育""跨学科研究""跨学科人才""跨学科研究机构""跨学科课题"等。探索跨学科人才培养的理论与实践，在阐述科学、学科、学科分类之后，给"跨学科"以科学界定，明确"跨学科"概念的产生，深刻理解"跨学科"的丰富内涵，掌握跨学科的学科分类与层次，把握"跨学科"的本质特征，不仅是研究跨学科人才培养的基础和前提，而且其本身就具有重要的理论和应用价值。

我国学者将"跨学科"的定义分为两种：①广义而言，跨学科泛指科学知识间的相互联系，这种联系要通过人的科学研究活动才能得以体现。②狭义而言，跨学科特指研究主体根据学科间的内在联系，创造开发跨学科知识产品的科学研究活动。

"跨学科"作为科研活动，突出了"学科间的内在联系"和"科学知识间的相互联系"，进而突出了人的主体地位。

跨学科有三层相互联系的含义：①打破学科壁垒进行涉及两门或两门以上学科的科研或教育活动，通称"跨学科"；②包括众多交叉学科在内的学科群，通称"交叉学科"；③一门以研究跨学科规律与方法为基本内容的新兴学科，通称"跨学科学"。这一定义显然赋予了"跨学科"更丰富的内容和更深刻的含义，突破了学术界对跨学科的含义的一般描述，指出了跨学科发展的层次和导向，已为跨学科的相关研究者所认同，其中第一层含义更符合对跨学科人才培养的理论与实践的研究。

随着对跨学科相关问题的研究，对"跨学科"的认识也不断深化。鉴于这里探讨的是跨学科人才培养问题，所以"跨学科"的定义应为打破学科壁垒、超越一个已知的学科边界，进行涉及两个或两个以上学科知识的有机整合的科研或教育实践活动。"打破""超越"反映"跨"本身的含义和本质，"两个或两个以上学科"反映跨空间及量的要求，"有机整合"反映"跨学科"不是简单的学科拼凑而是学科间要有互动性联系，学科的理论、方法或程序相互融合，"实践活动"则反映人的主体地位和跨学科既是手段、方法，也是活动途径。

（一）跨学科的学科类型

科学技术的迅速发展，导致学科之间相互交叉、渗透、融合，形成诸多新兴、边缘、综合、横断的学科，这些学科就被称为"交叉学科"，又称"跨学科"的学科。

学科具有层次性，学科交叉也在不同的层面体现出了层次性：①自然科学、技术科学、人文科学、社会科学的各个学科领域内不同层次的交叉；②自然科学、技术科学、人文科学、社会科学的不同学科领域之间的交叉；③自然科学、技术科学、人文科学、社会科学之间不同学科领域的交叉；④自然科学、技术科学、人文科学、社会科学不同学科领域的综合交叉。"交叉学科"无论是二维交叉还是多维交叉，最终都有学科的交叉点，从而形成明确具体的学科指向。

对于跨学科的学科分类，国内外有多种分类方法，根据学科交叉层次分类也是其中的一种，将跨学科的学科即交叉学科分为六种类型：

第一，比较学科。比较学科类的共同点是将比较方法作为主要研究方法，对具有可比性的两个或两个以上学科、学科分支的系统进行比较研究，以探索各系统运动发展的一般规律以及内在的特殊规律。

第二，边缘学科。主要指两个或两个以上学科相互交叉、渗透而形成的边际学科。这类学科中相关学科的交叉程度高于比较学科类。

第三，软学科，又称软科学。软学科所跨越的学科门类多于边缘学科，是在多门学科的基础上形成的。软学科的研究对象复杂且多有人为因素影响，常涉及社会、经济、科技、文化等方面。

第四，综合学科。指综合运用多种学科的理论、方法和技术而产生的学科，如环境科学、海洋科学、城市科学等。与软学科相比，其共性在于涉及多门学科且研究对象复杂，故软学科也是综合学科中的一类特殊学科。不同点在于多学科交叉的深度与广度比软学科的范围大，既有软学科成分又具有硬学科的特点，交叉层次更高。

第五，横断学科，又称横向学科。横断学科是在广泛跨学科研究基础上形成的工具性、方法性（方法论）较强的学科。它既是跨学科的产物，又具有普遍性和通用性，学科交叉层次比综合学科要高。

第六，超学科，又称元学科。超学科是超越一般学科的层次而在更高或更深的层次上总结事物一般规律的学科。超学科是交叉学科中最高层次的学科类，既具有高度的抽象性和普遍性，又具有单学科性。跨学科的学科分类及层次，可清晰地反映跨学科的度与模糊量，对跨学科科研和跨学科教育十分有益，对跨学科人才培养中的模式分类具有参考价值，但难以具有适用性指导意义。

（二）跨学科的本质特点

从跨学科的学科类型来看，跨学科的发展具有层次性和导向性。从学科与跨学科的关系来看，跨学科具有以下特点：

第一，跨学科是力求用科学的理论、知识和方法，探讨学科之间相互交叉联系的历史、规律以及方法的学问。

第二，跨学科既以学科为基础，又是在典型学科或成熟学科、传统学科之间的跨越。典型学科、成熟学科、传统学科是"跨"的基础，不以此为基础就没有跨越的起跳点和落脚点。学科交叉或跨学科研究是新学科生长的途径，而典型、成熟、传统的学科尤其是基础学科则是其生长的沃土。

第三，跨学科的本质表现在"跨"上。"跨"具有动态性和创新力，是科学事业发展的活力。因此跨学科不仅对相关学科的发展具有促进作用并使相关学科相互作用，而且能为综合性问题的解决注入生机活力，同时也反映了各学科之间或科学知识之间的相互联系性。跨学科就是要探讨这种联系的规律和方法。

第四，跨学科并不是两个或两个以上学科的机械拼盘，而是相关学科的知识、理论、方法的有机融合。有机融合的表现形式包括：①新的交叉学科或学科群体，是两个学科的知识、理论、方法嫁接催生出的新学科；②通过跨学科研究、多学科协同攻关等解决人类社会、经济、科学技术、文化发展中的重大问题，取得具有理论价值、学术价值、应用价值的科研成果；③通过跨学科教育实践活动，有关学科的知识、理论、方法有机融合在所培养的人才的知识结构、能力结构和素质中，提高教育教学和人才培养质量。

二、跨学科教育研究

跨学科人才培养与跨学科研究和跨学科教育有着直接而密切的关系，跨学科研究需要跨学科人才，同时在研究过程中也培养了跨学科人才；跨学科教育则是跨学科人才培养的主渠道和实践活动。要探讨跨学科人才培养的理论与实践，就必须先对跨学科研究和跨学科教育的内涵进行探讨，对什么是跨学科研究、什么是跨学科教育及二者的特点、意义、区别与联系等相关问题进行客观的评述和介绍。

（一）跨学科研究的意义

随着科学发展以学科分化为主且日益加速的趋势，进入 20 世纪后，科学发展态势逐渐从以分化为主阶段进入以综合为主的阶段，跨学科研究也进入全面自觉发展时期，到了 20 世纪 60 年代这一趋势更加明显。跨学科研究进入全面自觉发展阶段的主要表现如下。

第一，横断学科门类出现。20 世纪 40 年代末，系统论、信息论、控制论逐步诞生，其本身既是跨学科研究的硕果，又是跨学科研究的方法和工具，从而构成横断学科群，突变理论、耗散结构理论、协同学等的加入，使横断学科门类不断发展。

第二，以两个或三个学科为基础的跨学科研究深入发展，边缘学科不断涌现且数量多、跨度大，自然科学、技术科学、人文科学、社会科学相互交叉，出现了教育技术学、科学美学、考古化学、生物物理学、教育社会心理学、植物化学分类学、量子生物化学、生物医学化学等新兴学科。

第三，以三个以上学科为背景的多学科交叉研究出现新的综合学科，如生态学、管理科学等。20 世纪 70 年代管理科学的大发展催生出包括战略学、决策学、咨询学、预测科学、领导科学在内的软学科这一重要的跨学科门类。

第四，"跨学科"作为一个专门研究对象，受到越来越多的重视，且不仅限于探讨个别的跨学科现象或领域，而是研究跨学科的整体运动、方法和规律，进而产生"跨学科学"。

第五，跨学科研究生培养计划的诞生，使跨学科教育步入发展的快车道，高等教育中跨学科人才培养日益被教育界、科技界乃至社会各界所高度重视。

跨学科研究及其发展的意义：①不断促进人类科学认识的深入发展，不断完善科学体系。人们对自然、社会和自身的认识也更为深刻和全面，有利于三者之间的协调发展。②促进人类社会经济发展，为科学技术文化转化为生产力提供新的途径。同时，也促进了认识论、方法论、唯物辩证法及人文社会科学的发展，使科学技术造福于人类。③跨学科研究本身就具有理论、学术和应用价值。对国民经济和社会发展战略规划的制定，科技发展战略和政策的制定，科技体制改革，提高执政管理以及决策水平等都大有益处。④不仅能不断丰富教育内容，促进教育教学管理改革和教育体制的变革，而且能促进教育观念的转变和人才培养模式的不断创新。

（二）跨学科教育的发展战略

跨学科教育在当代教育改革中受到世界教育界的高度重视，成为教育改革发展的一大趋势。跨学科教育与跨学科研究，都与科学技术文化和社会发展与时俱进。原始的学科综合决定原始的朦胧的"跨学科研究"，也决定原始的教育内容；学科发展趋势和程度决定着跨学科的趋势和程度，也决定着跨学科教育发展的趋势和程度。因此，从某种意义上说，跨学科教育涉及各类各层次的教育，如初等教育中科学课程的开设与教学内容，中等教育中的课程设置与分科教育，高等教育作为专业教育的特性更受其直接影响和制约。大学后教育即终身教育、继续教育和非学历教育等也具有跨学科教育的形式和内容。

根据"交叉学科"与"跨学科"基本同义的理解，培养高层次复合型人才就是培养跨学科人才，跨学科教育和人才培养明确地摆在面向 21 世纪的教育改革者面前。1998 年教育部颁发的《关于深化教学改革，培养适应 21 世纪需要的高质量人才的意见》明确提出了跨学科教育和跨学科人才培养的要求，如"要拓宽基础，其中既包括自然科学基础，也包括人文社会科学基础；既包括本专业学科基础，也包括相邻专业学科知识""要积极为学生提供跨学科选修、双学位、主辅修等多种教育形式，培养大批复合型人才"。这里，本科教育中的"跨学科"一词在国家教育行政部门的文件中再次得到确认和使用。

1978 年，武汉大学在全国率先实行了学分制，为跨学科教育与人才培养奠定了教学管理制度的基础，形成了多学科培养人才的背景。1981 年，该校又在全国率先实行主辅修制，进行学科专业复合型人才培养的尝试，同时进一步完善学分制，并规定文科学生必须从自然科学、技术科学类课程中选修 4 个学分，理科学生必须从人文社会科学类课程中选修 2 ~ 4 个学分。虽然现在来看，互选的自然、技术科学或人文社会科学类学分并不多，但也为人文教育与科学教育的融合和跨学科培养人才在我国高校开了先河。此后，在进一步完善主辅修制中实行了双学士学位制，规定所辅修专业的课程修习获得的学分数达到该专业主修的基本要求，符合学士学位有关规定，可同时授予两个学士学位，作为第二学士学位制的一种形式，被称为"并联式双学位"。同时，武汉大学也开设了第二学士学位专业，如编辑学、新闻学等，被称为"串联式双学位"。这样，使跨学科教育与人才培养向前又迈出一大步。采取的新举措包括：开设了跨学科的试验班，如数理经济试验班、人文科学实验班等；兴办了跨学科的新专业，如电子商务、电子政务、金融工程等；组建了跨学科的学院；建立了一批跨学科研究机构，如发展研究院等。为培养具有跨学科意识和跨学科背景的人才，武汉大学对本科生教学计划进行了多次修订，目前正将宽口径、厚基础的通识教育理念引入教育教学的全过程，师生对跨学科教育与人才培养已形成广泛认同。

（三）跨学科教育与跨学科研究的关系

1.跨学科教育与跨学科研究的共性

跨学科教育与跨学科研究有许多共性，突出表现在以下几方面：

第一，跨学科教育与跨学科研究的终极目标是一致的，都是提高生产力的水平，推动先进生产力的发展和社会进步。

第二，跨学科教育与跨学科研究都打破了学科专业的壁垒，都在学科专业之间进行有关问题的探索，在学科专业的交叉点上取得丰硕成果。

第三，跨学科教育与跨学科研究都是实践活动，跨学科教育是育人的实践活动，跨学科研究是科学探索的实践活动，实践活动的主体都是人，是具有较高科学文化知识的知识分子，都要通过实践活动才能实现跨学科的价值和奋斗目标。

第四，跨学科教育和跨学科研究都是培养和造就跨学科人才的基本途径。

2.跨学科教育与跨学科研究的区别

跨学科教育和跨学科研究的区别包括：

第一，跨学科教育与跨学科研究的对象不同。跨学科教育的对象是受教育者，是活生生的人；跨学科研究的对象则是相关学科间的内在联系、跨学科项目和涉及多学科的复杂的社会现象。

第二，跨学科教育和跨学科研究的结合点不同。跨学科教育中相关学科的知识结合点是教育教学计划、课程体系结构和课程内容，跨学科研究中相关学科的知识结合点是不同学科延伸的交叉点。

第三，跨学科教育与跨学科研究实践活动的结果不同。跨学科教育实践活动的结果是人的素质的提高，是人的全面发展，是教育教学质量的提高。跨学科研究实践活动的结果是问题的解决，学科的发展，科学技术的提高，培养跨学科人才是其副产品。

第四，培养跨学科人才的过程与层次不同。跨学科教育是培养跨学科人才的主渠道，跨学科人才培养过程主要是教育教学过程，通过跨学科教育教学组织系统，修习跨学科课程，学习多学科的知识、理论、技能，完成具有跨学科性的教育教学计划，培养具有多学科、跨学科基本理论、知识的复合型人才，人才培养层次以本科生和研究生为主。跨学科教育与跨学科研究是相互促进、互为动力源的。跨学科教育为跨学科研究提供人才储备，使跨学科研究永葆生机活力。同时，跨学科教育本身也在探讨跨学科问题，能源源不断地为跨学科研究提供新的课题。跨学科研究培养跨学科人才的过程是科学研究的实践过程，通过不同学科的专家、学者的相互学习和取长补短、合作共事，进行学术思想交流、碰撞以及学科内容的相互渗透，培养具有高深学术造诣的高层次跨学科人才和能够开辟新的学科领域、进行多学科综合研究的组织协调与决策的大师级科学巨人。跨学科研究为跨学科教育提供科学技术文化知识，源源不断地充实教育教学内容，不断促进教育体制、教育思想、教学管理制度、学校体制和人才培养模式的变革，进而促进跨学科教育向纵深发展。鉴于此，有条件的高等学校应使跨学科教育和跨学科研究两个轮子都转起来，以培养全面发展的高素质的跨学科人才。

三、学际教育研究

学际课程又称"融合课程"，亦称"广泛课程"，即"将有关系的若干学科加以融合，创造出一个领域广泛的新的学科"，"通过学科间广泛的融合，消除相关课程的不彻底性"。"学际课程"就是跨学科课程，是学科交叉性、多科性的综合性课程。

学际性知识系统是指跨越自然、社会、人文、艺术的知识系统，包括自然科学、社会科学等，又称为新的大学知识系统，其突出特点是：必然是自然科学与社会科学相融合的学际科学知识系统。

"学际学科"就是交叉学科、跨学科、边缘学科，如法学与医学学际化形成"法学医学"，艺术与医学学际化形成"艺术医学"，人类学与环境学学际化形成"人类环境学"等。学际教育与单科专业教育的关系为反馈系统和相互帮助、相辅相成的关系。学际教育不是单纯的单科专业教育的综合化汇集，而是"有机再编成"。学际教育的最大优点是：通过推进学际教育，促进众多学科"专业领域之间的知识交流"，"阻止专业化带来的知识孤立化、独善化和陈腐化"。

学际教育就是跨学科教育，既包括跨越自然科学和社会科学大学科领域的教育，也包括跨学科门类、跨学科分支、跨专业教育；跨学科教育或学际教育不是简单的有关系的学科知识的汇集、拼合，而是两个或两个以上学科知识的有机融合。因此，"学际教育"的本质就是"跨学科教育"。

第二节　高等教育跨学科人才培养的动因

任何改革都不是为改革而改革，而是着眼于现实的需要并从理论上加以提炼并最终付诸实践的行动。当大学生就业的压力越来越大时，人才培养模式也要改变。当前我国的高等教育现实情况正要求对传统的人才培养模式进行改革，而改革的一个重要方向和现实特征就是建构和完善跨学科的人才培养模式。总体来看，这一改革方向背后的动因大致包括：满足学生个性化与多样化的学习兴趣、发挥大学的多学科资源优势以及应对社会当前的就业形势等。

一、满足学生的学习兴趣

根据专业招生与培养人才的制度对学生的学习兴趣有较大的限制。众所周知，目前我国高校在人才培养模式上的一个突出问题是过于刚性，弹性不足。如在专业选择上，我国绝大多数高校目前实行的仍是按专业招生的制度，学生在入学时就确定了专业，但由于多种原因，很多学生在入学后并不喜欢当初所选择的专业。在众多学生对专业不满意的情况下，我国高校在学生转专业问题上又限制重重，导致很多学生转不了专业而花费四五年的宝贵时间在一个不是自己所喜所愿的专业上。

在培养方式上，我国高校不仅长期按专业招生，而且按专业培养——各专业除公共必修课和基础课外，其他都是专业范围的课程，少有不同专业之间的交叉和综合。而且，这些专业范围内的课程又是高度统一的，即不论学校与学生差异，按一种规格培养，不仅统一专业设置，而且统一教学计划、统一教材、统一要求，抹杀了学校之间以及学生个体之间的差异。可见，传统的人才培养模式无法满足学生对其他学科的学习兴趣与需要，同时也忽视了不同学生个体间的兴趣和需求的差异。

二、发挥大学的资源优势

大学学科综合化的条件没有得到充分利用。20世纪50年代初，我国对全国范围内的院系进行了调整。调整后，我国的高等学校分为文理科性质的综合大学与师范院校、多科性工学院（工业大学）和单科性专门学院三类。其中，单科性院校，特别是与工业有关的院校大量增加。我国很多综合性或多科性高校在人才培养上仍然是单学科的，学生并没有享受到多学科资源优势带来的益处，大学综合化的功能也没有充分发挥。这就导致：①学生多样化与个性化的学习兴趣和需要受到传统人才培养模式的制约；②大学的多学科资源优势得不到充分利用和发挥。面对这种现实，大学需要思考如何在人才培养上或者说通过人才培养来充分发挥自身的多学科资源优势。

三、应对社会就业形势

大学毕业生就业难以及专业与职业不对口。从 1999 年大学扩招以来，在校大学生数量不断增加。伴随着大学毕业生不断增多，就业难问题也慢慢凸显出来。面对问题，跨学科人才培养模式因其性质和效用，正是一个有效的应对策略。

跨学科人才培养模式回应的就是传统人才培养模式对学生学习兴趣的制约问题。就学生的学习兴趣而言，它可能是多样化的，即对两个或多个不同的学科和专业感兴趣，而不只是局限于本学科、本专业。它也可能是个性化的，即对一个涉及两个或两个以上学科或领域的问题感兴趣，而这个问题因为个体间的喜好不同，将会千差万别。而传统的人才培养模式学科壁垒森严，将学生限制在单一的学科、专业之内。而且，在这种模式之下，学生既没有发言权，也没有选择权。跨学科人才培养模式打破了传统的学科专业壁垒，使学生的跨学科、跨专业学习成为可能。

从组织方式来看，跨学科人才培养既可以是独立方式，即依托的教育教学要素本身就是跨学科的，具体包括跨学科课程、跨学科专业和跨学科学位；也可以是组合方式，即依托的教育教学要素本身并不是跨学科的，而是通过要素的组合得到了跨学科的结果，具体包括课程的跨学科组合、专业的跨学科组合和学位的跨学科组合。特别是跨学科专业和跨学科学位，允许学生根据感兴趣的问题自主确定专业（方向）、自主从多个学科或领域选择与该专业（方向）相关的课程，有助于满足学生个性化的学术兴趣；后者向学生提供了选修其他学科的课程、专业和学位的机会，无疑可以满足学生多样化的学术兴趣，也可以在一定程度上解决一些学生对现有专业不满意的问题。

作为一所综合性大学的学生，只要想接受任何院系的教育，就可以选修它们的课程，各院系都应当提供方便并满足这种需求。而且大学还要鼓励这种需求，办综合性大学就是要营造这样一种氛围，形成办学的个性。

　　要实现这样的意图，就要求大学各个学科、院系的课程和专业等教育教学资源充分共享。如果无法共享，学生自然就不能享受其他学科的资源。事实上，跨学科人才培养也对大学资源提出了这样的要求，只有课程和专业等教育教学资源共享了，学生才有机会选修其他学科或院系的课程和专业，跨学科学习也才随之成为可能。

　　课程和专业共享无法实现，学生就容易被限制在固定的学科和专业之内，无论是跨学科组合课程还是跨学科组合专业或学位也就都会成为泡影。因此，课程和专业等教育教学资源在大学整个学科体系中充分共享可以说是跨学科人才培养的基础。以主辅修这一跨学科人才培养方式为例，它往往由学生在原有的主修专业之外再选择一个其他学科的辅修专业所组成。

　　由此可见，辅修专业的数量、学科覆盖面就决定了主辅修这一方式的多样化程度，也决定了学生跨学科学习的选择范围。这就要求高校打破主修专业与辅修专业之间的界限，让各个院系的专业向其他院系学生开放，供他们辅修。也就是说，某个主修专业可以是主修其他专业的学生的辅修专业，而不是另行去设置。这样不仅节省了很多资源和精力，而且学生的选择也多。面对当前大学毕业生就业难以及专业和职业不对口等问题凸显的就业形势，大学就需要增强学生的就业能力和职业转换能力，而跨学科人才培养在一定程度上正能起到这样的作用，因为跨学科培养的人才具有复合型的知识、能力和素质结构，具有广泛的适应性。

　　无论是双主修、主辅修，还是双学位、联合学位，都有助于学生掌握两个不同专业或领域的技能。相对于单一主修专业或单一学位的毕业生，参与以上跨学科人才培养方式学习的毕业生无疑选择面更宽，也往往因多掌握一门技能而更具就业竞争力。

　　传统的专业教育模式是在当时全面学习苏联的政治背景下做出的选择，也适应了当时社会各项建设事业对高级专门人才的迫切需要。随着时代的发展，这种模式越来越显示出对于满足社会和学生个体需要的不适应性。从社会来看，当下社会对于人才的需求在不断变化，如对工程技术人员的要求，已经从过去的掌握专门知识转变为现在的具备更宽的知识面和其他方面的专长。复合型人才的培养就要求跳出狭窄的专业教育模式，或拓宽原有的专业口径、加强基础、丰富内涵，或提供双主修、主辅修和双学位、第二学位等来增加专业特长。

第三节 高等教育跨学科人才培养的理念解读

跨学科人才培养是在我国高等教育改革的实践中提出来的，是在本科教育复合型、应用型人才培养模式的改革实践中提出来的，是高等教育改革不断深化的产物，也是科学技术、社会经济、文化教育一体化发展趋势提出的要求。这一命题来自实践而又在实践中迫切需要理论的指导。

跨学科人才培养可以破解为若干词组："跨学科"与"人才培养"，"跨学科"培养人才，"跨学科人才"的"培养"和"跨学科"的"人才培养"等。不同的提法其内涵和侧重点显然不同，然而如果认真辨析就不难看出，这一命题的组合词语有三个重点词，即"跨学科""人才培养"和"跨学科人才"。

"跨学科"去培养人才，"跨学科"是手段、办法、途径，涉及如何"跨学科"和多学科联合培养人才；涉及教育组织的构建，如跨学科专业的设立、跨学科教育教学单位（学院、学系）的构建，乃至跨学科研究机构的设置；涉及教学管理制度的诸多问题，如主副修制、双学位制、学分制、选修制，乃至教学活动的控制。

一、跨学科人才培养的目的与意义

"人才培养"的目的是培养学科专业知识结构多元化的人才，培养知识面宽的人才，培养能够掌握两个或两个以上学科专业知识的人才，或者培养具有多学科、跨学科背景和强烈创新意识的人才。

"跨学科人才"是掌握两个或两个以上学科专业知识的人才，是"跨学科人才培养"的最佳结果。"跨学科人才"培养的模式多种多样，要求大学本科学生都去主副修或攻读双学位也不现实，要培养每个学生都能在两个或两个以上学科领域里纵横驰骋更是困难。但要使本科毕业生具有跨学科的理念、意识和学术背景，为其将来做一名学术视野宽广、学术造诣深厚的跨学科人才奠定坚实的基础，却是完全可能的，也是高等教育改革肩负的光荣使命。

"跨学科人才培养"的意义：①用"跨学科"的手段、方法和途径去培养人才；②在研究"跨学科人才"的培养中探讨"跨学科人才"培养的模式；③跨学科人才培养是一种教育理念，旨在培养基础知识宽厚、学术视野宽广的具有多元化学科专业结构的适应21世纪需要的复合型、应用型、高素质人才。教育行政管理人员、教育工作者和广大教师、学生都应具备跨学科的意识和教育理念。

二、跨学科人才培养的教育理念

随着科学技术文化和社会经济的发展，跨学科教育已经兴起并成为当代高等教育中的一个亮点和高等教育国际化的一种趋势。跨学科教育就是要研究和解决培养什么样的跨学科人才、如何培养跨学科人才和为什么要培养跨学科人才、培养的跨学科人才为谁服务等根本问题。因此，从某种意义上讲，跨学科人才培养是一种教育思想和教育理念。

跨学科教育作为一种教育思想和教育理念，正在为教育改革的深化提供助力，使教育改革的重点已由形式转变到实质，由表层转变到深层，由跨学科开设课程转变到开设跨学科课程，进而引起高等教育和高等学校的体制、结构和教学组织的深刻变革。跨学科教育已成为教育改革与发展中一个带有全面性、全新性和整体性、系统性的教育思想体系。因此，如果说"跨学科人才"是一种人才模式的话，那么从某种角度来讲，跨学科人才培养就是一种教育思想、教育理念和办学观念，在高等教育中的主要体现包括以下几方面。

（一）开放式教育观

要研究跨学科教育就必须突破学科专业间的壁垒，改革学科专业的封闭式教育，树立开放式的教育思想和教育观。学科专业教育的开放式教育观，特别强调学科专业间的相互交叉、渗透，强调学科知识、理论、方式的相互借鉴和综合教育。

开放式教育观淡化了片面的专业教育思想和封闭式教育观，提倡由狭窄的单科专业教育向宽口径、厚基础的多科专业教育转变，对学生进行开放式的多学科综合化、整体化学科专业教育。开放式教育观有利于加强不同学校间的横向联系，加强不同院系和学科专业间的横向联系，加强各学科专业任课教师乃至不同学科专业的学生间的横向联系，树立跨学科教育理念。同时，也有利于学科专业知识领域的对外延伸，创造跨学科的教育环境，从而培养跨学科人才。

（二）综合课程教育观

实施跨学科教育和培养跨学科人才，必须在大学课程设置上树立新的课程观，即综合课程观，彻底改革单科教育中的单一学科专业课程设置。跨学科教育的课程设置应特别注意四个基本问题：

第一，课程设置的体系应具有内在的逻辑性。应以人为本、以学生成才为本、以对人才全面素质的要求为出发点构建课程体系，特别注意学科专业间的内在联系，无内在联系的课程设置是无序设置，课程结构是杂乱无章的，不利于学生合理构建适于充分展示个性的跨学科的知识体系。

第二，应充分体现跨学科性和多学科综合性。有利于学生形成多学科、跨学科的知识结构和跨学科背景，开阔知识视野。

第三，设置宽口径、厚基础的学科专业课程。根据高等教育学科专业教育的特点，淡化专业并不是不要专业，淡化专业教育并不是不要专业教育，而是要随着科学技术文化的发展不断拓宽专业口径，加厚专业基础，这样才能体现学科专业间的横向联系和学术联系，使学科专业领域向外延伸，为跨学科人才成长指出学科专业发展的跨越点或起跳点。为此，应更新"基础课程观"，彻底改变以专业课程为中心设专业基础课和围绕专业基础课设基础课的传统思维。

第四，力求多设置一些跨学科的综合课程和新课程，使这些课程本身就具有跨学科性，本身就是多学科知识的有机融合。这样大学本科生在学习期间就会受到跨学科的熏陶、教育，掌握一些跨学科的理论、知识和方法，形成跨学科的知识背景和理念，以适应科学技术发展综合化对新型人才知识结构和素质的新要求。

（三）人才模式观

跨学科人才模式突破了过窄过专的单科专才模式，具有多样性和可变性的特点。多样性包括主副修复合型、学科专业二元复合型、多元复合型、通识型跨学科和学际型跨学科等模式；可变性是指随着科学技术文化的发展和学科的不断分化及在分化基础上的新的综合，跨学科人才模式随时都会出现新的变化，新兴学科、边缘学科、交叉学科、综合学科的涌现也会形成新的跨学科人才模式，然而更重要的变化则体现在学科的具体内涵上。因此，培养跨学科人才就必须转变大学教育中的人才观，树立新的人才模式观，实现由单科专才模式向跨学科、多学科通识模式的转变，由学科专业知识结构的单一性向综合性、多样性的转变，由培养"现成式"专才向"高瞻式"人才的转变。

（四）树立新的质量观

跨学科人才培养的质量，要看其掌握的科学知识的深度，也要看其掌握的学科专业知识面的广度，更重要的是要看其全面发展的程度和可持续发展的潜能，看其全面的综合的素质和能力。评价"跨学科人才"的培养质量，要在"跨"字上多做文章。

第一，跨学科人才要有"跨"的勇气和胆量，敢于踩着巨人的肩膀跨越前人和他人，这就要求学校注重人才的创造精神、创新能力、创业意识的培养，使其具有与时俱进的创新品质和敢为人先的创新精神。

第二，跨学科人才要有"跨"的本钱和能力，这就要求大学本科教育由注重知识的传授转向注重能力的培养，尤其是分析解决问题的能力和实践能力的培养。在评价人才培养质量时，既要注重科学文化知识的掌握情况，又要重视运用科学文化知识解决实际问题的能力。

第三，在"跨"的过程中要有协作精神和良好的品德，跨学科研究和跨学科教育都需要合作精神与团队意识，人作为社会的一分子，其本身就要求具备与他人和谐相处的协作精神，做事需要合作、协同，做人更需要善于与他人沟通、共事与合作，这也是综合素质中十分重要的一点，是现代社会对人才质量的新的要求，应成为人才培养中不可或缺的内容。

（五）树立人本主义和人的全面发展的教育价值观

实施跨学科教育和培养跨学科人才，在大学教育价值观上应有重大转变，即必须由功利主义、实用主义的教育价值观向人本主义和人的全面、可持续发展的教育价值观转变。在信息化时代，新知识迅猛涌现，学生在大学里学的有限的知识，进入社会后能直接予以使用者所占比重日渐减少。因此，过于"专业"的知识教育和希望培养"现成式专才"，按现实需要传授实用知识，是急功近利型、实用型的教育价值观，这一教育价值观对大学本科教育是不利的，应彻底抛弃。

为适应信息化时代的学习型社会需要，培养跨学科人才就要从学生的全面和可持续发展出发，培养学生课程学习的自主能力、科学研究的进攻能力、毕业择业的竞争能力、进入社会后的适应能力和职业岗位的机动转换能力，从而让学生学会学习、学会生存、学会生活、学会合作，为学生未来的全面和可持续发展奠定坚实的基础。

跨学科人才培养的教育思想和教育理念，对培养高质量的跨学科人才是至关重要的。社会是不断进步的，科学技术文化是不断发展的，跨学科人才培养的教育理念也将在实践中不断丰富和发展。跨学科人才培养是一个动态的教育过程，只有广大教育研究工作者、教师和学生都树立这一教育理念，才能合力培养出高质量的跨学科人才。

第四节　高等教育跨学科人才培养研究及人才培养模式分析

一、跨学科人才的特点

21世纪的人才需要具备的素质包括：①积极进取的开拓精神；②崇高的道德品质和对人类的责任感；③在急剧变化的竞争中，有较强的适应能力和创造能力；④有宽厚扎实的基础知识，有广泛联系实际解决问题的能力；⑤有终身学习的能力，适应科学技术综合化的发展趋势；⑥有丰富多样的健康个性；⑦有与他人协调和进行国际交往的能力。以上素质要求都与跨学科教育和跨学科人才培养有关，因此，21世纪需要全面发展并有可持续发展潜能的跨学科人才。

跨学科人才模式很多、知识结构也多种多样，各种模式间有许多不同点，尤其是具体学科专业领域的知识含量更是千差万别，但其中又不乏共同的基本特征。

掌握丰富的多学科的基础知识、理论和方法，是跨学科人才具备的第一个基本特征。基础知识的广博是相对的，在科学技术文化飞速发展的新时期，任何人都难以成为百科全书式的人才。通识型跨学科人才对自然科学、技术科学、人文科学、社会科学领域中的某些学科专业的基本知识都有一定的了解或初步把握，这些广博的基础有利于他们在知识海洋中探索，他们有较强的适应科学技术综合化发展的能力，有广泛联系实际的分析解决问题的能力，有终身学习和可持续发展的个人潜能。

具有较强的创造、创新、创业的意识和能力，是跨学科人才具备的第二个基本特征。跨学科人才模式很多，但"跨学科"是共性，"跨"是"元动力"，"跨"的本身就具有开拓性、进攻性，就有创新的动机和敢为人先的品质。不同植物的嫁接很可能产生新的物种，不同学科专业领域的交叉、融合是产生新兴学科、边缘学科的温床，具有两个或两个以上学科专业知识的人才具有一定的创造潜能、创新意识和创业精神，为"三创"打下了良好的思想意识和知识、理论基础。

具有以主攻学科专业为主干而形成的合理的知识结构，是跨学科人才具备的第三个基本特征。知识结构是人类科学知识在个人头脑中的内化状态，教师可以勾画学科专业的知识结构图，但要形成具有个性的知识结构还要靠受教育者将科学知识内化到自己的头脑中。跨学科人才的合理的知识结构应是开放的与立体的，要求各种学科专业知识有恰当的比例，各学科专业知识间是相互联系和相互作用的。

具有良好的群体意识和协调、合作精神，是跨学科人才具备的第四个基本特征。高等教育的综合化和大学教育、科教、经济的一体化，标志着人类社会已进入真诚合作的新时代，单科教育培养的"专才"想取得创新性成绩无疑有较大难度。跨学科人才教育特别强调学科间的合作和掌握科学知识的人的合作，强调学科专业间的横向联系与融合。在潜移默化中培养受教育者的合作精神、团队意识、群体观念，培养其协同攻关、合作共事的能力，既能干事又能共事，既会做事又会做人，这些都是时代对跨学科人才素质的基本要求和跨学科人才应具备的基本特点。

二、跨学科人才培养的影响因素

跨学科人才培养是一种反映社会需求的新的教育理念，是具有可操作性的人才培养模式，由一系列配套制度构成，只有落实到具体的教育过程之中，才能真正培养出社会所需要的基础厚、口径宽、具有多学科知识与能力结构的复合型高素质人才。

作为一种新的教育理念，一种新的教育模式，跨学科人才培养尚没有取得广泛的认同，具体的制度构建尚在探索和实践之中，除了少数综合性大学在进行跨学科人才培养的尝试外，绝大多数高等学校仍固守着传统的专业性人才培养模式。

（一）宏观层面影响因素

任何一种新生事物，在它成长的过程之中，总会遇到传统及现实的阻力，跨学科人才培养亦是如此，它不仅要突破原有的专业化人才培养观念与模式的羁绊，直面高等教育历史变革遗留下来的问题，还要改革现有的高度集权的学科专业设置与管理体制，而这些问题没有得到妥善的解决，适宜跨学科人才培养的外部环境没有最终形成，跨学科人才培养就很难向纵深推进。

1.传统观念根深蒂固

观念是行动的先导。旧观念的破除与新观念的确立都不是立竿见影或一帆风顺的。在新观念确立的过程之中，旧观念总是不甘心失败的命运，仍然顽固地盘踞在人们的头脑里，制约着人们思想的转变和行为的选择，延缓着改革的步伐，阻碍着新生事物的成长。

在我国高等教育人才培养的历史上，尤其是在科举制确立之后，人才培养模式一步步走向编狭，人才培养规格也日趋单一。单一学科专业培养人才的观念牢固地盘桓在人们的脑海里，挥之不去。随着新式大学的建立，传统高等教育模式逐渐退出了历史舞台，但其浓厚的功利主义色彩和单一化乃至表面化的人才培养观念并不会伴随传统高等教育机构的消失而烟消云散，它仍将在相当长的时期内存在，并潜移默化地影响着我国高等教育的改革与发展。

2. 单科性高校广泛存在的影响

具有多学科的综合性高校是开展跨学科人才培养的前提条件。若高校学科门类单一，就不可能开设大量的可供选择的其他学科的课程，也就难以进行跨学科人才培养，使学生具有多学科的复合型素质。综合性高校便于广泛开设课程，有利于多学科的交叉与渗透，能够为跨学科人才培养创造多学科杂糅、互融、共生的条件。

尽管相关院校的合并使综合性高校的数量有所增加，但并没有从根本上改变综合性高校数量偏少的局面。跨学科人才培养的首要前提是要有学科可"跨"，有多学科的课程可供选择，而单科性高校的广泛存在使跨学科人才培养只能是涓涓细流，难以成为奔涌的江河。

3. 学科专业设置与管理体制的影响

高校自身在专业的调整方面没有发言权，也缺乏专业自主发展与自我约束的有效机制，导致高校一味地以增加专业数量为目标，使专业数量越来越多，专业面向越来越窄，最终不得不由国家统一进行新一轮的专业调整，以归并专业方向，压缩专业数量，拓宽专业面向。专业设置与调整高度集权的局面没有明显改变，表现在以下几方面。

①依照专业目录设置专业。教育部明确要求，高校必须根据"普通高等学校本科专业目录"设置本科专业。

②控制设置专业，对目录外专业严格审批。对于一般性专业设置，由学校、学校主管部门和教育部分工负责审定、审批和备案。专业目录中有两类专业的设置受到控制，不能任意布点，分别是控制设置专业和目录外专业。

③专业数的限制。普通高等学校的专业设置实行总量控制，在学校主管部门核定的专业数内，学校年度增设专业数一般不超过三个。

④专业类型的限制。

⑤专业设置审批程序复杂。专业设置需经过三个环节：高校自主审定；学校主管部门审批；教育部审批。

⑥专业审批的时间限制。

⑦专业设置的检查与监督。明确要求教育部和学校主管部门要对普通高等

学校的专业设置实行指导、检查、监督，对新增设专业进行评估。对于违反规定擅自设置和调整专业的，教育部和学校主管部门可视具体情况，令其限期整改、调整直至撤销该专业。尽管高校专业设置与调整高度集权的体制有所松动，但专业设置与调整的严格控制，使一些新兴的跨学科专业难以出现，从而制约着跨学科人才培养工程的推进。

（二）微观层面影响因素

1. 对学生指导不够的影响

实行跨学科人才培养，必然要求扩大学生选择专业、课程和教师的范围。但是，由于学生对社会需要把握不准，对知识的逻辑结构不了解，要使跨学科人才培养收到实效，必须实行导师制，加强对学生学习的指导和引导。

导师制最显著的特点就是便于因材施教，有利于学生快速、健康地全面发展，避免学生自主发展的盲目性与片面性。更详细地说，导师制能密切师生关系，在教与学之间起桥梁和纽带作用。通过对业务学习的指导，导师可以了解学生的思想状况，加强对学生的思想政治和品德教育；导师能较好地采用个别指导法，指导学生合理地组织知识结构；实行导师制有利于学生了解学校的教学管理制度，充分利用学校的教学条件，促进自身更快更好地发展。

导师制作用的发挥所依赖的条件包括以下两个。

（1）要有高素质的导师队伍

导师不仅要有高尚的师德、渊博的学识、严谨的治学风格，还要富有爱心，对学校各方面的情况比较了解，具有较高的工作热情和责任感。

（2）有完善的制度相配套

从制度上明确导师的责、权、利，使广大教师乐于担任导师，勤于导师工作，精于导师工作。但反观当前导师制在我国高等学校的实施状况不禁令人担忧。随着高等教育大幅度的扩招，高校在校生人数激增，而师资队伍的增加并没有跟上扩招的步伐。即使所有专任教师都担任学生导师也远远超过了实施导师制所要求的一位导师适宜指导的学生数，更何况多数教师的教学和科研任务繁重，难有余力从事导师工作。

导师制的相关制度不健全、不配套，不能有效激励专任教师担任学生导师。导师制在高校中的有限实施，以及实施中的流于形式，使广大学生难以得到及时而有针对性的指导，这在一定程度上制约着跨学科人才培养的广泛推进。

2. 认识与重视程度的影响

一项教育教学改革，不仅需要得到主管职能部门的推动，还需要学校领导的大力支持和广大师生的认同。目前，教学在高校工作中的中心地位并没有真正确立，学校主要领导对教学问题的关注不够，对跨学科人才培养缺乏深入认识，使跨学科人才培养的大面积推进步履蹒跚。

培养人才是高等学校的首要职能，而人才培养主要是通过教学活动来完成的，教学工作在高等学校工作中的中心地位是毋庸置疑的。对教学工作的忽视在短时间内并不会暴露出明显的问题，而对教学工作的重视也不会得到立竿见影的效果。为了增加科研经费总额和获奖项目数，学校领导不断向教师施压，明确要求教师一年要争取多少经费的科研项目，并将职称评审和个人收入与科研工作直接挂钩。教学质量很难评判，教师在教学上的投入和付出很难衡量，教学工作的优劣对教师的实际利益并没有太大影响，在这种制度的导向下，重科研轻教学就成了绝大多数教师"合理"的选择。

3. 教学管理制度的影响

进行大规模的跨学科人才培养必须有灵活的、富于选择性的教学管理制度相配套，具体而言就是构建以学分制为核心的教学管理制度体系。学分制打破了学科专业界限，学生可以在很大范围内自选专业，自选课程、教师和上课时间，自由确定毕业年限，便于因材施教和调动学生的学习积极性，有利于跨学科人才培养的广泛推进。学分制的实质和灵魂是选课制，选课制是产生和实施学分制的前提条件，又是学分制的主要内容。学分制的主要特点如下。

（1）教学计划的灵活性

学分制下的教学计划，除必修课外，学生可以根据自己的兴趣选择所学课程，没有年级和专业方向的限制。学分制下的毕业与否，完全依据是否完成教学计划所规定的学分。

（2）选修课程的多样性

学分制下开设有丰富的选修课程，必修课程占学分总数的一半左右，其他均为选修课程，学生可以跨院系、跨专业、跨年级、跨校选课，有助于学生完善自身的知识结构，发挥学习的主动性。

（3）富有弹性的修业年限

学分制承认学生在天资与秉性、爱好与特长、学习基础与勤奋程度等方面的差异，在一定程度上允许学生自主安排学习进程，修满规定的学分可提前毕业、继续升学或进入社会工作，也允许学生中途休学、保留学籍或参加工作、进行创业，也可延长修业年限。就实际情况而言，改革和调整的幅度并不大，真正让学生自由选修的课程仍非常少，必修课占主体的局面并没有得到根本改变。从国外的成功实践来看，实行学分制是推进跨学科人才培养必不可少的教学管理制度。

三、跨学科人才培养对策

培养创新人才是 21 世纪高等教育发展的需要，更是我国社会发展和国际竞争的需要。我国高校跨学科教育起步较晚，创新人才培养模式还处于探索阶段，所以有必要结合我国国情，借鉴国外成功经验。从国外跨学科创新人才培养的发展和经验中可以看出，跨学科人才培养已经在国内高校的系统中达成一致的认识，即跨学科人才培养是培养具有厚基础、宽口径、强能力、高素质的创新人才的重要途径，更是高等院校进行人才培养模式改革的有益探索。

跨学科创新型人才培养的核心就是要以学生发展为本，打破学科与专业间的界限，构建不同学科有机融合的内容体系和课程体系，培养学生发现问题、分析问题和解决问题的能力，促进学生创新思维和创新精神的形成，进而满足目前社会经济发展的需要。

我国跨学科培养学生的工作正在顺利推进，跨学科学生培养，有效地促进了学科之间的联络，促进了学科间的科技合作、共同承担跨学科研究项目等，在跨学科人才培养和促进学科建设方面均取得明显的成效。跨学科培养是正在探索的新事物，还需要在实践中不断改进和完善。

（一）整合跨学科的教育资源

实施多学科导师联合办学与那些具有传统独立文化的高校培养模式相比，多个大学联合培养的模式主要由多个学校共同合作培养人才，这明显拓宽了培养人才的途径，也为培养人才找出了一个新的培养模式。这种办学模式主要是让教育资源得到合理利用，相互补充彼此之间的不足，从而起到了相互探讨、相互学习、相互弥补缺憾的作用。从一个方面来看，开展学生的共同培养工作，不单单只限于与本国的一些大学、研究院等建立密切的合作关系，更重要的是要做到经常邀请一些具有一定专业知识背景的高端人才和优秀的一线技术人员担任学生的老师，让所培养的学生参与到那些合作单位中的项目研究中，更要做到的是加强与其他地方的沟通，经常有规划地派遣一些比较优秀的学生到其他国家进修，也参与到国外一些大学的研究和会议中，让学生更加深切地体验跨学科、跨部门、跨专业知识的学习，让他们积累一些经验，能够更明确地了解学术最新的知识和需要。

1.设置跨学科综合课程

在国外，一些高等院校拥有丰富的学术知识内容，在对学生进行知识传授的同时，更加注重对学生其他方面能力的培养。他们开设跨学科综合课程的目的，就是要着重锻炼学生掌握综合知识，形成独特的跨学科界限的知识视野，使学生的思维能超越学科界限，从而开展更加丰富的知识教育。跨学科综合课程的设置就是让学生具有一定的思维判断能力、解决问题的能力以及创新思维的能力。跨学科综合课程的学习，使学生学会用不同学科之间的知识和理论来解决现实存在的问题，同时促进学生学习的综合化，使学生的知识结构与体系成为一个紧密联系的整体，形成整体知识观和生活观，以全面的观点认识世界和解决问题。而我国高校为了适应科技发展和基础教育课程改革的需要，可以借鉴国外的经验对学科课程进行改革。

第一，要使学科的界限逐渐淡化，加强各个学科之间的联系，设置一些综合专业课程，并通过实行主辅修制、双学位教育等途径来扩大学生的知识面，加强文理学科的相互渗透，培养一专多能的复合型创新人才。

第二，精选、优化专业课程设置，压缩专业课课时。具体地讲，即确定各个专业的主干课程，适当减少非主干课程的门数，合并与调整相关课程。在课程内容上，关注各领域最新的科学成果，以提高高校教师教育的专业化水平。

第三，注重基础资料、基本知识的学习和积累以及能力的培养，强调跨学科课程应将重点放在所针对学科的基础内容、问题、思想和材料上。

2.建立资源共享机制

现在很多高校都把跨学科培养人才的工作作为最核心的工作，努力与其他部门和学院共同建立一种长期稳定的资源共享机制，也在预算中标明有专门的资金来支持这一工作。高校要想建立资源共享机制，就必然要对目前的管理体制进行与之相适应的改革，从而为实现资源共享提供必要条件。

第一，要改变传统的人才观念，以教育教学质量为宗旨，积极主动开放教学资源，构建一种具有创新思维的理念。要想建立一种资源共享机制，就必须先改变人们的观念，不能抱着陈旧的观念不放。学校的管理人员不能认为所拥有的资源只属于自己的院系，而要对外开放，从而为跨学科学生提供更多的机会。高校应努力加强国际间学校的联合，利用资源创造出更好的内容，提高各校对资源的使用率，达到优势互补，进而实现教育质量最优化。

第二，要设立人性化的人才流动机制和资助补偿制度，进而合理地促进人才的流动。研究资源的共享机制就是要改变"校园封闭"状况，让教师可以在完成自己本院系的工作之余，接受其他学校的工作。要想激励各个学校向社会提供有优势的资源，让资源使用最大化，就必须实行资源的资助补偿机制。资助补偿机制不仅可以让很多高校开放自己学校的教学资源，还可以提高学校资源建设的积极性，从而更好地推动资源建设的长久发展。

（二）创新跨学科学生管理体制和运行机制

要培养高素质的创新型人才，就必须对现有的管理体制和运行机制进行革新。在当今社会上，国家的竞争其实就是人才和科技的竞争。发展科技需要在人才的基础上实现，而人才的培养要依赖于教育。因此，"建立起一套健全的教学管理体制和运行机制将是当前高校管理改革的迫切任务，只有这样才能培养出具有创新精神、创业能力和实践能力的高级应用型技术人才"。

为了适应社会发展的趋势，高校都对教学改革加大了力度，并向整体和纵深方向发展。这就要求高校中的教学管理也要适应这样的趋势，并对其进行与之匹配的改革，创造性地开展工作，这样才能推进教学改革的深入发展，不断提高人才培养质量。要建立起适应社会主义市场经济体制，能充分调动教师和学生的积极性，促进高校快速发展的管理体制和制度。要打破培养学生的限制，鼓励院系之间的交叉融合。要建设一些有利于培养学生的创新思想，开展学科实验的机构，为学生之间创造一个交流的平台。

深化跨学科招生制度改革。目前，最重要的事情就是要对考研的相关内容进行改革，不能太限制那些想跨专业报考的学生，但是应该完善考试的整个流程来确保学生队伍的质量。学生的考试内容必须能正确反映出学生对专业基础知识的掌握，针对那些本科的时候不是学习这个专业的学生，考试的时候必须加试与报考专业相一致的基础知识，特别是在面试的时候。要选择跨学科的学生，更应该从兴趣出发，不能太跨学科、跨专业读研，应考虑学生的兴趣和实际能力。针对这种情况，各教育部门必须加强宏观调控，更深层次地改革学生招生制度，扩大各大高校招生的自主权。各培养单位在扩大自主招生权的前提下，首先要建立一个比较合理的考核机制，加大对考生的学术背景、科研能力、专业知识的考核力度，把好学生入口关。

建立多样化管理制度体系。多样化管理体制改革显得尤为重要，因为现有的管理制度需要更细致、更严格、更专业化，才能满足人才培养的需要。必须尽快重组、新建一系列配套的管理模式，方能实现高校对学生的培养目标。

第一，调整年限制度。允许有能力的学生提前毕业，也可以让学生自己调配学习时间，这样可以提高学习效率。这一点对跨学科的学生很重要，因为很多跨学科学生的毕业选题具有创新性和实效性，需要涉足多领域学科知识，无论查资料、听报告还是参加各类讨论会，都需要投入大量的精力和时间，要完成高质量的学业论文在短时间内难度很大。因此，调整年限体制，从时间上可以保证获得更多资料，发现更多渠道。

第二，调整课程结构。要实现复合型高素质学生培养目标，首先必须重新调整课程结构，根据研究需要有重点地调整，使必修课与辅修课之间相互补给，既有交集又不重复。对不同程度的研究者应因人而异开设课程，使之在短期内对本专业形成清晰的认知。同时，邀请别的高校或院系的研究者客座校内或院内，这样对了解学术动态、及时分享国内外科研成果都是有益的。

第三，强化跨学科指导。首先，积极开展学术活动，营造良好的学术氛围，学院可以推广学术季，邀请国内研究领域专家、学者进行现场讲学，鼓励学生对外来专家教授做访谈、参与他们的创作过程。这不仅培养了学生独立自主的意识，还锻炼了他们的动手能力。与专家、学者零距离接触可以使学生更深入地了解研究者的研究过程和观察问题的角度，激发他们对学科探索的兴趣。其次，通过视频、邮箱等工具交流，还可以第一时间参与学术活动、国内外学者会议。要增加跨学科指导的频率，需要学院提供这些机会，例如，把国内外著名学者、专家的学术行踪，及时告知有需要的研究者，这是强化跨学科指导的有效途径。

第四，建立健全跨学科组织管理体制。学院在选择课程导师方面应该遵守择优原则，即根据导师的主攻专业方向，授课于多位导师的学生。如此，很多研究者可以在结课之余，综合各位导师的研究方法，熟悉研究套路，根据自己的兴趣自主选择研究方法，确立研究方向。

（三）搭建跨学科研究平台

第一，增设现代化硬件设施，加大对跨学科研究的投入。国外很多大学最看重的就是大力发展项目，并且为其补充资源。创新的产生往往来自不同领域的交叉，新时代的创新将依赖于生物学与物理学、工程学科和其他新兴领域的融合与互动，这就要求学校必须关注跨学科的发展并支持跨学科研究的基础硬件设施的建设。基础硬件设施的建设，为跨学科学生教育创设了有利环境，其不仅在跨学科上具有推动作用，在招聘新的师资和新的学员的时候，也是非常有影响力的。

目前，大部分的高校在管理方面都把仪器设备这些资源划分到学科里面去了，很多有名的试验单位也都是根据学科建立的，而且有些设备只供某一个单一的学科使用，这就造成了一定的浪费。其实在现代社会中，经费得到了一定的补充，人们就应该大力提倡把经费投入对设备的需要中去，这也顺应了我国社会的良好发展的要求。所以，我国应该加大对跨学科研究的投入，为高校采纳跨学科研究策略提供强大的动力。

第二，提倡导师跨学科招生。导师作为科研机构的带头人，其科研态度、学术水准甚至研究方向，都直接影响着学生的研究程度。以国内博士生导师为例，他们在招收博士的时候，首先考虑本学科内有重大研究成果者，其研究是在单一领域内取得的阶段性成果，与博导的某些课题有直接联系，便于师生之间配合。但这种情况直接导致专业更加单一化，不利于向智能化转变。因此，跨学科招生尤为重要。导师招收不同学科研究者，这本身就是对导师本专业知识、知识面宽窄、眼界高低的考验。

第三，开设交叉学科课程，激发学生的创作灵感，逐步形成综合性培养模式。鼓励学生跨学科报考，跨学科对学生的学术水准要求很高，如室内设计，它需要学生对当下流行元素、材料预算、材料更新动向等知识了如指掌。学生跨专业报考，可以从根本上解决知识单一化的问题。

第四，邀请国外研究者做报告、开座谈会或讲座，加深研究者对不同学科学术动态、跨学科研究的了解。国际间跨学科的交流为课题研究者提供了更多的立足点，对不同研究风格的把握也为他们参与不同学科项目奠定了基础。

四、跨学科人才培养模式分析

跨学科研究的发展基础在于教育，在于跨学科教育培养出的高质量的与科学技术文化和社会发展相适应的跨学科人才。培养跨学科人才，是世界教育改革的趋势之一，也是科技教育界面向 21 世纪的共同呼声，但人们对什么样的人才是跨学科人才的认识却不尽相同。

跨学科人才肯定是学科专业复合型人才，但复合型人才不能等同于跨学科人才。在高等教育改革中，培养跨学科复合型人才的思想提出不久，有人就将复合型人才与跨学科人才画等号，如某艺术院校就提出要培养舞蹈理论与舞蹈艺术实践相结合的"复合型"人才，也有人将多才多艺的人才作为复合型、跨学科人才。

跨学科人才首先定位在学科之间，学科是基本单位，在同一学科内理论联系实际不是跨学科，超越两个或两个以上学科边际才叫跨学科；懂两种或两种以上的技能，属一专多能或称应用技能复合型人才，并不是跨学科人才。

跨学科人才是通过一定的教育模式培养出来的具有深厚理论基础、掌握多门学科知识、精通多种技术、善于运用创新思维、对多门学科感兴趣并取得交叉科学研究成果的人才。这一培养目标就高等学校本科教育而言似乎显得过高而难以实现，但本科教育是可以参考的，作为研究生特别是博士研究生的培养目标是可取的。从高等学校本科教育来看，跨学科人才应是通过一定的教育模式培养出来的具有宽厚基础理论和广博的知识面，基本掌握两门或两门以上学科的理论、知识和技能方法，富有跨学科意识和创新精神的人才。跨学科人才的培养模式不同，不同模式下的具体要求也不同。

学科的多样性、学科交叉的复杂性决定了跨学科人才知识结构的多样性和复杂性，也决定了跨学科人才的培养模式的多样性和复杂性。与计划体制下单科人才培养模式的单一性、同学科专业知识结构相比，跨学科人才培养模式的多样性和复杂性为学生个性的充分发展提供了广阔的空间。

在当代高等教育中，世界各国对跨学科人才的培养都十分重视，进行过许多大胆的改革和实践的尝试，跨学科人才的培养模式丰富多样。任何一种跨学科人才的培养模式中，相关学科专业领域的知识都应有一定的量的规定，即使是模糊的量的规定。在对各种跨学科人才的培养模式进行介绍时，将给予分析评价，提出见解。

（一）主副修复合型跨学科人才培养模式

在高等学校本科教育中，主副修复合型跨学科人才的培养是通过实行主副修制教学管理制度实现的。主副修制又称"主辅修制""主副科制"，要求学生以一个学科专业为主修学科专业，将另一个学科专业作为副修学科专业。学生主修与副修学科专业的课程成绩经考核合格，其他方面均达到国家或学校有关规定的要求，在毕业时获主修学科专业的毕业文凭和学士学位以及副修学科专业证书或获主副修毕业文凭，这样学生就成为基本掌握两个学科专业基础理论、知识和方法的主副修复合型跨学科人才。

对主副修复合型跨学科人才知识结构的要求是大学本科学生须掌握一个主修学科专业的基本理论、基本知识和基本方法，初步掌握另一个学科专业（副修学科专业）的基本理论、基本知识和基本方法。对副修学科专业的知识量的掌握，不同国家、学校、学科专业有不同的要求。大学本科学制（包括弹性学制）是有限的，学生学习的精力和负担是有限的，学生学习的兴趣和要求也大不相同，因此大学本科教育不可能要求每个学生都副修一个学科专业。我国高校实行主副修制后，多主张学有余力或学习成绩优良者在主修专业以外选择一个副修专业，也鼓励学生为扩大知识面、发展个性而自主副修有关学科专业课程。

（二）二元复合型跨学科人才培养模式

在大学本科教育中，能掌握两个不同领域的本科学科专业的基本理论、基本知识和基本方法的人才，可称为学科专业二元复合型跨学科人才。这类跨学科人才培养和成长的主要渠道和途径包括以下几种。

1.通过双主修制教学管理的制度实现

双主修制又称"双科制"，允许学生在校期间同时选择两个不同领域的本科学科专业作为主修专业。两个主修学科专业的课程教学量或规定学生毕业应取得的学分数等要求大体相等，都是大学本科毕业的基本要求。

学生按学校要求修读完两个主修学科专业规定的课程并经考核合格，修满两个主修学科专业规定的学分，在其他方面也都达到学校或学科专业的要求，准予毕业。学生毕业时可获得两个主修专业的毕业文凭，符合学士学位授予要求者亦可获得两个主修学科专业的学士学位。双主修对学生学习负担而言较重，不是对每个学生都适合。

2.通过攻读第二学士学位实现

第二学士学位是我国为培养知识面宽、跨学科的高层次专门人才设置的一种学位。招生计划由国家统一下达，招生对象主要是已获得某一个学科专业的学士学位者，以在职人员为主，后逐步发展到以招收应届本科毕业并获得学士学位者为主。获第二学士学位应修第二学士学位专业，修业年限为两年，入学应经考试并择优录取。攻读第二学士学位者在校期间的生活及其他待遇，按硕士研究生的有关规定执行。学生修业期间，满足本科学士学位授予的有关规定与要求，授予第二学士学位，毕业后起点工资与硕士研究生班毕业生工资待遇相同。第二学士学位又称"双学士学位"，一个学生获得两个不同学科领域的学士学位理所当然地是跨学科人才。学生在校期间实行双主修制，两个主修学科专业在毕业时均达到学士学位要求可授予两个不同学科的学士学位。

3.自学获得毕业证书和学士学位

随着我国高等教育改革的深入和高等教育大众化发展趋势，高校的招生制度改革为获得第二个本科专业毕业文凭与学士学位证书创造了条件。二元复合型跨学科人才培养模式除本科教育外，在研究生教育阶段也可培养更高层次的跨学科人才；跨学位学科者应在不同学位层次攻读，如本科毕业获经济学学士学位报考法学硕士研究生并获法学硕士学位，获某学科的理学硕士学位后又攻读工学博士学位等。获得两个不同学科专业的毕业文凭与学位证书者，均应被视为二元复合型跨学科人才。

（三）学科专业多元复合型跨学科人才培养模式

多元复合型跨学科人才主要指掌握三个或三个以上学科领域基本理论、基本知识和基本方法的人才，要求具有多个学科的基础理论，初步掌握多个学科的较系统的基础知识，有宽广的知识视野和扎实的治学基本功，当然大学本科毕业时也必须达到其中一个主攻学科专业的基本要求并获得主攻学科专业所在学科领域的学士学位。这类跨学科人才的培养，主要途径是举办大学本科的学科专业综合性试验班。

人文科学试验班的教学组织是跨学科的，由中文、历史、哲学三系教授联合组成教学研究室，负责教学计划的修订、教学组织、教学内容与教学方法的改革等；教学内容与课程体系是跨学科的，人文科学试验班前两年半打破文、史、哲的学科专业界限，除学习公共政治课、外语课、体育课外，主要修习人文科学概论、人文科学方法论、人文科学史、人文科学名著导读等人文科学基础理论课和中外通史、中外文学史、中外哲学史、古代汉语等文、史、哲专业基础课程。

（四）通识型跨学科人才培养模式

通识型跨学科人才的培养，主要是通过通才教育、通识教育实现的。"通才"就是通达多学科的人才。"通"是相对的，"通才"是相对于"专才"而言的。"通"指学科专业知识面宽，对各主要学科领域的基本理论、知识和方法都有一定的了解和掌握，且综合素质较高。现在通才教育和通识教育越来越为世界高等教育界所重视，也是世界高等教育改革和发展的趋势。学科高度分化与高度综合并以高度综合为主的倾向导致了学科的综合化和知识的整体化，于是产生了培养知识面宽广、兼备多学科专业知识人才的通才和通识教育理念。人们对通才教育或通识教育是否属于一种跨学科教育的认识虽不尽相同，但对这种教育培养的人才具有跨学科性的认识却并无太多分歧。各国国情和各高校校情不同，通识教育培养的人才的知识结构也不相同，但其共性却是一致的，即既有一个主修的学科专业领域，又有广博的多学科专业的基础知识。在具有广博的多学科专业知识方面，高等学校对学生在诸多学科专业领域应分别拥有的知识量的要求，也因学校和主修学科专业的不同而有差别。

（五）学际型跨学科人才培养模式

学际型跨学科人才培养模式则是以学科专业本身就是其他学科交叉所产生的跨学科专业为特点的，可称为学际型学科专业、交叉学科专业或边缘学科专业。这样的学科专业培养的人才，理所当然是跨学科人才，即在各传统、成熟的学科之间的边际地带培养的人才。

学际型跨学科人才因各学科交叉涉及的数量、深度与广度不同，其知识结构也有较大差别。例如，电子商务专业是两个学科的交叉，但又不同于电子学和商学类两个本科专业的拼合。前者以融合为主，交叉在一个本科专业知识结构上；后者以结合为主，是将两个本科专业的知识结合在一个专业上。同样，数理经济学、金融工程、生物化学等也是如此。

科学的综合化和知识整体化催生了许多涉及诸多学科知识、理论、方法的综合学科和横断学科，这些学科已经成为大学本科专业教育的发展方向并被许多大学设置为专业。环境科学、材料科学、城市规划、管理工程、信息管理与信息系统等都设置了本科专业。这些学际型跨学科专业相关学科交叉广度增大，课程结构与课程内容均带有综合的特色，所培养的人才当然也是跨学科人才。学际型跨学科人才的知识结构中各学科知识所占比重难以具体量化，但涉及的学科越多，相关学科的知识含量越少，这也是不争的事实。

参考文献

[1] 钱国英，徐立清，应雄. 高等教育转型与应用型本科人才培养 [M]. 杭州：浙江大学出版社，2007.

[2] 侯怀银. 高等教育学 [M]. 太原：山西人民出版社，2014.

[3] 胡弼成. 高等教育学 [M]. 长沙：湖南师范大学出版社，2015.

[4] 刘江栋. 构建应用型本科人才培养模式：地方本科高校转型发展之路 [M]. 天津：南开大学出版社，2016.

[5] 田建荣. 高等教育学基础 [M]. 西安：陕西师范大学出版总社，2018.

[6] 吴巧慧，邢培正. 应用型本科人才：培养模式研究与实践 [M]. 北京：中国轻工业出版社，2011.

[7] 叶时平. 高级应用型人才培养的探索与实践 [M]. 杭州：浙江工商大学出版社，2018.

[8] 郑玉玲. 高等院校学科建设探析 [M]. 北京：中国中医药出版社，2015.

[9] 白逸仙. 多学科研究：高等教育理论体系构建之方法 [J]. 高等教育研究，2010，31（5）：49-51.

[10] 曹帅. 高等教育国际化发展路径探究 [J]. 中国出版，2019（21）：69.

[11] 董云川. 高等教育质量管理的层次与品质 [J]. 大学教育科学，2019（5）：9-10.

[12] 胡德鑫，王漫. 高等教育学科结构与产业结构的协调性研究 [J]. 高教探索，2016（8）：42-48.

[13] 胡明. 坚定中国特色教育自信 推动高等教育治理现代化 [J]. 国家教育行政学院学报，2019（11）：3-7.

[14] 康翠萍. 高校学科建设的三种形态及其政策建构 [J]. 高等教育研究，

2015，36（11）：37-41.

[15] 李晶，刘晖. 高等教育发展理论：解构与重构 [J]. 华东师范大学学报（教育科学版），2019，37（6）：75-82.

[16] 李立国. 高等教育内涵式发展下的高水平人才培养体系建设：逻辑框架与作用机制 [J]. 清华大学教育研究，2019，40（6）：10-19.

[17] 李丽娟，杨文斌，肖明，等. 跨学科多专业融合的新工科人才培养模式探索与实践 [J]. 高等工程教育研究，2020（1）：25-30.

[18] 刘雷. 浅析应用型本科人才培养模式的内涵及特征 [J]. 科教导刊（上旬刊），2014（2）：35-36.

[19] 卢玉萍，刘智慧. 高等教育强国建设与新时代创新型人才的培养路径 [J]. 武汉理工大学学报（社会科学版），2018，31（5）：200-204.

[20] 屈林岩. 关于新时代高等教育人才培养工作的几点认识 [J]. 中国大学教学，2019（1）：7-12.

[21] 眭依凡. 高等教育现代化的理性思考 [J]. 高等教育研究，2014，35（10）：1-10.

[22] 王建华. 重启高等教育改革的理论思考 [J]. 高等教育研究，2014，35（5）：1-10.

[23] 王青林. 关于创新应用型本科人才培养模式的若干思考 [J]. 中国大学教学，2013（6）：20-23.

[24] 吴中江，黄成亮. 应用型人才内涵及应用型本科人才培养 [J]. 高等工程教育研究，2014（2）：66-70.

[25] 张航，陈怡. 高等教育人才培养目标的时代变迁与路径选择 [J]. 江苏高教，2019（9）：35-40.

[26] 张晓报. 跨学科人才培养模式的划分框架及启示 [J]. 江苏高教，2014（3）：34-36.

[27] 张晓报. 我国高校跨学科人才培养实践的动因分析 [J]. 高等理科教育，2016（4）：27-31.

[28] 张长恒，黄芳. 高校学科建设数据信息平台的设计与实现 [J]. 图书情报工作，2015，59（8）：111-117.

[29] 钟秉林，洪成文，李立国，等. 新时代高等教育研究的取向及路径（笔谈）[J]. 教育科学，2019，35（6）：1-13.

[30] 秦悦悦. 高校应用型本科人才培养模式研究与实践 [D]. 重庆：重庆大学，2009.

[31] 孙上. 潘懋元高等教育思想研究 [D]. 南昌：南昌大学，2018.

[32] 谭璐星. 应用型本科人才培养模式研究 [D]. 武汉：湖北大学，2011.

[33] 张山林. 跨学科研究生培养模式研究：创新人才培养视角 [D]. 武汉：武汉理工大学，2013.